KiWi 584

Über das Buch
Seit über fünf Jahrzehnten beobachtet und kommentiert Marion Gräfin Dönhoff das politische Geschehen für *Die Zeit*. Sie hat gesehen, wie auf den Trümmern die Bundesrepublik entstand, und zu dem wurde, was sie heute ist. Sie hat die Teilung Deutschlands, den Mauerbau und die Wiedervereinigung erlebt, das Wirtschaftswunder und seine Folgen analysiert. Sie kennt das Land wie keine Zweite. Seit geraumer Zeit schon mahnt sie Politik und Öffentlichkeit zu mehr Verantwortung und fordert einen ethischen Minimalkonsens, der in unserer Raffgesellschaft verschwunden zu sein scheint. Egoismus ist der alles antreibende Motor im Zeichen der Marktwirtschaft. Brutalität, Korruption und die Gier nach Macht sind die Konsequenz. Doch eine Gesellschaft ohne Spielregeln, ohne Moral muss zerfallen. Die jüngsten Skandale in der Politik beweisen, wie notwendig solche Aufrufe bleiben, damit die Verantwortlichen der Politik weiterhin aufgerüttelt werden und die wahre Bedeutung von »Ehre« wieder ins Gedächtnis gerufen wird.

Die Autorin
Dr. Marion Gräfin Dönhoff, geb. 1909 in Ostpreußen, unternahm nach dem Abitur ausgedehnte Reisen durch Europa, Nordamerika und Ostafrika. Dann studierte sie Volkswirtschaft; 1936 trat sie in die Verwaltung der Familiengüter ein, deren Leitung sie 1939 übernahm. Seit 1946 gehört sie der Redaktion der Hamburger Wochenzeitung *Die Zeit* an. 1955 wurde sie Leiterin des politischen Ressorts, 1968 Chefredakteur und 1973 Herausgeber. Sie ist u. a. mit dem Theodor-Heuss-Preis (1966) und dem Friedenspreis des Deutschen Buchhandels (1971) ausgezeichnet worden. Buchveröffentlichungen u. a.: »Namen, die keiner mehr nennt«, »Die Bundesrepublik in der Ära Adenauer«, »Kindheit in Ostpreußen«, »Der Effendi wünscht zu beten«, »Zivilisiert den Kapitalismus.«

Marion Gräfin Dönhoff

MACHT UND MORAL

Was wird aus der Gesellschaft?

Kiepenheuer & Witsch

2. Auflage 2001

Copyright © 2000 by Verlag Kiepenheuer & Witsch, Köln
Alle Rechte vorbehalten. Kein Teil des Werkes
darf in irgendeiner Form (durch Fotografie, Mikrofilm
oder ein anderes Verfahren) ohne schriftliche
Genehmigung des Verlages reproduziert oder unter
Verwendung elektronischer Systeme verarbeitet,
vervielfältigt oder verbreitet werden.
Umschlaggestaltung: Philipp Starke, Hamburg
Umschlagfoto: Stefan Moses
Gesetzt aus der Garamond Stempel (Berthold)
bei Kalle Giese, Overath
Druck und Bindearbeiten: Clausen & Bosse, Leck
ISBN 3-462-02941-X

Inhaltsverzeichnis

Vorwort 11

Wenn die Leute politische Dummheiten begehen,
nützt auch der schönste Optimismus nichts 13

Macht und Moral

Was heißt eigentlich Ehre? 27
Von der Kulturgesellschaft zur Konsumgesellschaft 29
Am Ende aller Geschichte? 33
Die Verantwortung des Einzelnen 38
Der Motor des Marktsystems 41
Die Deutschen – wer sind sie? 44
Finis Germaniae 51
Der Rechtsstaat in Gefahr? 52
Antisemitisch? 57
Was soll, was darf die Kirche? 58
Besser wäre, dass einer stürbe 60
Der Alte Fritz und die neuen Zeiten 64
Der kategorische Imperativ 70

Das Fleisch ist mächtig, der Geist ist schwach

Des deutschen Michels Schlaf 75
25 Jahre nach Hitler 80
Zurück zur Bescheidenheit 82
»Der Punk steckt im Kopf« 87

Deutsche Einheit

Wer einigte Deutschland? 97
Für eine deutsche Nationalhymne 105
Die Flammenzeichen rauchen 107
Ein harter Kampf in Moskau 111
Nach Moskau fahren oder nicht 116
Die Quittung für den langen Schlaf 121
Willy Brandt 126
Keine Bösewichte 130

Schatten der Vergangenheit

Totengedenken 1946 135
Das heimliche Deutschland der Männer des 20. Juli.. 138
Falkenhausens Gefängnisrekord 142
Sechs Herrenmenschen 144

Ritt gen Westen

Ritt gen Westen 151
Menschen im Abteil 155
Brief aus dem Nichts 158
Glückliche Zufälle 161
Wie ich Janssen zu Gesicht bekam 166
Helmut Bleks 168
Zum Tode von Hans Lehndorff 172
Theodor Eschenburg 174

Pax Baltica

Ein Kreuz auf Preußens Grab 181
Kant gehört der Menschheit 186
Pax Baltica 189

Deutschland und die Welt

Nur in einem Land? 195
Der nahe Osten lässt sich nicht kaufen 196
Ein schwarzer Tag 200
Deutsche Schande 203
Brief aus dem Süden 204

Vorwort

Macht und Moral – dazu ließe sich viel sagen. Die Artikel und Berichte, die in diesem Buch zusammengefasst sind, handeln nicht alle von aktuellen Ereignissen – manches liegt über vierzig Jahre zurück –, sie beziehen sich auf das Grundsätzliche. Viele von ihnen sind vor einiger Zeit in dem Magazin ZEITPUNKTE erschienen, das inzwischen vergriffen ist.

Unser Zeitalter ist charakterisiert durch eine gefährliche Kombination von Säkularisierung und Kapitalismus. Gefährlich warum? Weil das Zusammenwirken dieser beiden Faktoren zu einer Verstärkung der negativen Folgen eines jeden von ihnen führt.

Säkularisierung bedeutet die Abwesenheit aller religiösen und im weitesten Sinne metaphysischen Werte; der Kapitalismus wiederum beruht auf dem Wettbewerb, und der Motor des Wettbewerbs ist der Egoismus, mithin ist alles Sinnen und Trachten auf wirtschaftlichen Erfolg gerichtet: Ich muss besser sein als die anderen, sonst kann ich nicht überleben. Geist, Kultur und das Humane werden dabei immer mehr an den Rand gedrängt.

Eine Gesellschaft braucht aber Normen und Spielregeln, ohne einen ethischen Minimalkonsens kann sie keinen Bestand haben. Wohin eine Gesellschaft gerät, der solche Bindungen fehlen, das erleben wir allenthalben: Brutalität und Korruption breiten sich aus, weil das Rechtsbewusstsein immer mehr schwindet. Ein Schüler ermordet seine Lehrerin, während die Klasse regungslos zuschaut; ein Fünfzehnjähriger erschießt seinen Kameraden, weil der ihn geärgert hat ...

Und auch in der obersten Etage der Politiker mangelt es an Rechtsbewusstsein, wie wir während der letzten Monate immer wieder erlebt haben. Wer die Verfassung gebrochen oder das Parteiengesetz verletzt hat, sagt – zur Rede gestellt: »Ja, das mag ein Fehler gewesen sein.« Nicht nur, dass sie ihre Schuld nicht eingestehen, es scheint, dass sie ihre Vergehen auch gar nicht als solche empfinden.

Dieser Zustand lässt sich nicht durch Gesetz oder staatliche Verordnung ändern, sondern allein dadurch, dass das Bewusstsein der Menschen sich ändert. Es kommt also auf den Menschen an, auf jeden Einzelnen von uns.

Hamburg, im Mai 2000   Marion Gräfin Dönhoff

Wenn die Leute politische Dummheiten begehen, nützt auch der schönste Optimismus nichts

Ein Gespräch mit Andrea Böhm (37), Gunter Hofmann (56) und Toralf Staud (26)
[1999]

DIE ZEIT: 50 Jahre Bundesrepublik waren auch 50 Jahre Frieden. Und jetzt sind wir Teilnehmer eines Krieges in Europa. Löst sich damit für Sie das Bild, das Sie von der Bundesrepublik hatten, auf? Oder liegt diese neue Rolle vielleicht in der Konsequenz dessen, was die Bundesrepublik geworden ist?

MARION GRÄFIN DÖNHOFF: Ich hätte mir nie vorgestellt, dass ich in meinem Leben noch einmal solche Bilder zu sehen bekomme, wie wir sie jeden Abend im Fernsehen haben. Jedenfalls nicht in Europa. Ich dachte, auf der nördlichen Halbkugel ist Krieg wirklich erledigt durch zwei Weltkriege und den Holocaust. Die Welt ist schon enorm anders geworden. Nicht nur durch den Krieg, aber auch durch den Krieg.

ZEIT: Zu Beginn des Konflikts am Balkan haben Sie sinngemäß geschrieben, der Westen solle sich in dieser Region Europas heraushalten, er könne sowieso nichts bewirken.

DÖNHOFF: Das wurde mir natürlich als eine böse Unmenschlichkeit ausgelegt. Aber heute frage ich mich wirklich, ist es nicht viel schlimmer geworden durch die Einmischung? Inzwischen habe ich das Gefühl, wahrscheinlich wie wir alle, beides ist schrecklich: nicht einmischen einerseits oder andererseits ein ganzes Land und seine Infrastruktur total kaputtzumachen.

ZEIT: Erinnern Sie die Bilder von Flucht und Vertreibung auf dem Balkan an das, was Sie selbst erlebt haben?

DÖNHOFF: Nein. Das war ganz anders. Wir wurden aus politischen Gründen vertrieben, nicht aus ethnischen. Wir wurden nicht systematisch verfolgt und beschossen, sondern da war dieser trostlose Zug von zwölf Millionen Flüchtlingen. Wir wussten nicht, was aus uns wird. Die Heimat hinter uns war weg, und vor uns war nichts. Im Kosovo dagegen werden die Leute zu Tausenden umgebracht und vertrieben, aber die Flüchtlinge hoffen natürlich, in ihre Heimat zurückkehren zu können.

ZEIT: Sie sind als Person sehr mit der Brandtschen Ostpolitik, mit Friedenspolitik in Europa verbunden. Haben Sie jetzt das Gefühl, Ihre Rechnung sei nicht aufgegangen?

DÖNHOFF: Ohne die aktive Ostpolitik, die auf Entspannung beruhte und nicht nur auf Rüstung, wäre es nie zur Wiedervereinigung gekommen – insofern bin ich zufrieden.

ZEIT: Mit der Auflösung der Blöcke scheinen aber auch die Nationalismen und Kriege, also das Europa des frühen Jahrhunderts, zurückzukehren. Soziale Notlagen werden nationalistisch verbrämt, fast in ganz Osteuropa könnten ethnische Zerfallsprozesse eintreten.

DÖNHOFF: Von Albanien bis zur Ostküste Russlands haben alle Staaten etwa 20 Prozent Minderheiten. Wenn wir es nicht fertig bringen, diesen Krieg zu stoppen, ehe dies alles virulent wird, dann breitet er sich weiter aus, Montenegro, Griechenland, Türkei, Mazedonien, Weißrussland ... Das wäre eine Katastrophe.

Sie sagen, dieses Europa, das wir heute vor Augen haben, erinnere an die Anfänge des Jahrhunderts. Nein, das finde ich nicht. Schauen Sie den Weg an, den wir zurückgelegt haben, was in 50 Jahren an Selbstverständlichkeiten entstanden ist in Europa. Wir empfinden uns als eine ganz andere Gemeinschaft als damals.

ZEIT: Und das ist unumkehrbar?

DÖNHOFF: Das ist unumkehrbar. Die Veränderung hat man nur nicht recht gemerkt, weil sie peu à peu vor sich gegangen ist. Wir sind schon unendlich weit auf dem Weg.

ZEIT: Und zu dieser »Gemeinschaft«, wie Sie sagen, gehört auch bereits der europäische Osten?

DÖNHOFF: Zum geistigen Raum »Europa« gehörten Prag und Krakau im vorigen Jahrhundert genauso wie Rom und Paris – erst der Glaube an die Ideologien von Stalin und Hitler hat jenes Europa zerstört.

ZEIT: Wenn man an die Anfänge der Bundesrepublik zurückdenkt, fällt uns als Erstes Ihr Lieblingsgegner Adenauer ein: der Patriarch der westdeutschen Republik.

DÖNHOFF: In den ersten Jahren nach 1949 habe ich ihn sehr bewundert. In der ganzen Welt gab es ja berechtigte Vorurteile gegen die Deutschen und Abscheu über das, was sie gemacht haben. Und dann kommt dieser Mann und gewinnt das Vertrauen wieder. Das war natürlich fabelhaft. Das ging bis in die fünfziger Jahre. Dann, bei der Stalin-Note 1952, dachte ich, das muss man anders behandeln. Da lag das Angebot eines wieder vereinigten, neutralen Deutschlands auf dem Tisch! Das hätte man wenigstens prüfen sollen.

ZEIT: Und das wollte der starrsinnig werdende alte Adenauer nicht.

DÖNHOFF: Nein. Dann ist Stalin 1953 gestorben, 1956 war der XX. Parteitag der KPdSU, wo Chruschtschow alle diese furchtbaren Verbrechen zugegeben hat. Da konnte man doch nicht einfach so weitermachen wie vorher. Aber das hat Adenauer nicht interessiert. Man muss bedenken, er war 78, als er Bundeskanzler wurde. Und es war ja eine ganz andere Welt. Adenauer ist erst als Kanzler mal nach Rom und Paris gekommen. Heute fährt da jeder Pennäler hin.

Jedenfalls dachte ich seit der Stalin-Note, Adenauer macht die falsche Politik. Er setzte ausschließlich auf Konfrontation statt auch auf Gespräche. Wir hatten ja noch Mitte der sechziger Jahre das so genannte Handschellengesetz. Das heißt, wenn ein Funktionär aus der DDR kam, dann sollte er an der Grenze verhaftet werden. Irgendwann kam von drüben der Vorschlag, die Deutschen sollten sich an einen Tisch setzen. Natürlich schrieb ich: Wundervoll, lasst doch alle Jugendvereine, alle Gewerkschaften, alle Frauengruppen, das ganze Volk rübermarschieren. Das wäre doch fabelhaft. Der Staatssekretär des innerdeutschen Ministeriums warf mir daraufhin schriftlich Naivität vor, die seien doch drüben alle dialektisch geschult, unsere Leute seien denen völlig ausgeliefert.

ZEIT: Wer hatte Recht, im Rückblick?

DÖNHOFF: Mein Vorschlag war natürlich nicht naiv. Da gab es endlich eine Gelegenheit, die Leute in der DDR zu überzeugen. Stellen Sie sich vor, wenn da ein bis zwei Millionen über die Grenze gegangen wären, das wäre doch eine phantastische Sache gewesen.

ZEIT: Haben Sie immer an die Möglichkeit einer Wiedervereinigung geglaubt?

DÖNHOFF: Zufällig habe ich kürzlich in alten Artikeln gelesen, dass ich nach dem 17. Juni 1953, also dem Aufstandsversuch, der in Ost-Berlin begann, geschrieben habe: »Nun weiß ich, dass die Wiedervereinigung unvermeidlich ist und die Teilung Berlins aufhören wird, denn dies ist ein ahistorischer Zustand.« Damals sagten alle mit Blick auf den 17. Juni, nun sei Schluss, die Einheit komme nicht mehr. Bei meinen Erwartungen ist es natürlich nicht durchweg geblieben – zuweilen sind auch mir Zweifel gekommen.

ZEIT: Nach dem Mauerbau 1961 haben Sie noch geschrieben: Warum gibt es nicht eine Vision von dem wieder vereinigten Deutschland? Kann man die Ostgebiete einfach vergessen? Später haben Sie dann die Ostpolitik mitgetragen, haben trotz des Verlusts der Ostgebiete, auch ihrer persönlichen Heimat, die Entspannungspolitik leidenschaftlich befürwortet.

DÖNHOFF: Als Brandt die Wiederaufnahme der Beziehungen zu Polen plante, fragte er drei Journalisten, ob sie ihn begleiten wollten. So auch mich. Ich war zuerst ganz entzückt und begeistert. Dann kam der Termin immer näher und näher, und ich dachte: so etwas Furchtbares! Da muss ich am Schluss ein Glas Champagner in die Hand nehmen und auf den Verlust der Heimat trinken. Ich habe gedacht, das schaffe ich nicht. Also schob ich die Entscheidung lange hinaus, aber schließlich habe ich doch abgesagt und dachte, na, also nun ist meine Freundschaft mit Willy Brandt aus. Doch er hat mir hinterher einen sehr netten, handgeschriebenen Brief geschickt und versichert, ihn hätte es auch in der Kehle gedrückt, als er die Papiere fertig machte. Man hätte schon viel früher mit der Entspannungspolitik anfangen sollen. Für den ganzen Osten hatte sich mit Stalins Tod im Jahr 1953 viel verändert.

ZEIT: Sind Sie mit dem Ergebnis der Wiedervereinigung zufrieden?

DÖNHOFF: Nein, gar nicht. Als wir am Tag nach dem Mauerfall unsere Redaktionskonferenz hatten, kam Helmut Schmidt herein, und, wie er so ist, sagte er nicht »guten Morgen« und nichts, sondern unterbrach alle mit dem Satz: Jetzt muss der Kanzler eine Blut-Schweiß-und-Tränen-Rede halten, wir müssen alle den Gürtel enger schnallen, denn jetzt lohnt es sich. Wenn Kohl das gemacht hätte, anstatt zu sagen, Steuern erhöhen brauchen wir nicht ... dann wäre heute alles anders. Ich wollte in einem Artikel vorschlagen, dass jeder in dieser kolossalen Hochstimmung für ein Jahr zehn Prozent seines Gehalts in einen Topf gibt. Dann hätten wir mit großem Stolz darauf gezeigt, was wir fertig gebracht haben, und die Ostdeutschen wären dankbar gewesen. Heute ist es wirklich traurig zu erleben, wie West und Ost aneinander vorbeidenken und -leben.

ZEIT: Wenn Sie schon Ihr Adenauer-Bild nicht revidieren, haben Sie Ihr Kohl-Bild revidiert in den letzten zehn Jahren?

DÖNHOFF: Ja, das würde ich sagen.

ZEIT: Ist er der Vater der Einheit?

DÖNHOFF: Nein, das ist Gorbatschow. Er war der Schlüssel, aber Kohl hat die Gelegenheit ergriffen. Gorbatschow ist für mich der einzige große Staatsmann der letzten 40 Jahre. Weil er wirklich die Welt verändert hat, und zwar ohne Bombenkrieg und ohne Bodentruppen.

ZEIT: Ein Held des Rückzugs.

DÖNHOFF: Ja. Zu einem Rückzug ist Tapferkeit nötig.

ZEIT: Die meisten Russen sehen Michail Gorbatschow ganz anders.

DÖNHOFF: Natürlich. Dort glaubt man, er habe das Imperium verspielt. Aber das Imperium war eben so schwach geworden, dass er den einzig vernünftigen Schluss daraus gezogen hat. Das war für mich eine der wirklich politisch erkenntnisreichen Situationen: Russen und Amerikaner hatten 30 Jahre gerüstet, allein die USA mit 300 Milliarden Dollar jährlich. Es wurden schreckliche Feindbilder gegeneinander entwickelt, immer blutiger, immer schlimmer. Und dann kommt Gorbatschow, guckt die Welt mit neuen Augen an. In seiner ersten Rede im Frühjahr 1985, die ich gut erinnere, sagte er, wir sind doch keine Erzfeinde der Amerikaner. Warum machen wir unsere Wirtschaft kaputt? Das leuchtete sogar dem Westen ein. Ein Jahr später sitzen beide Seiten am Tisch, und zwei Jahre später sind sie nicht gerade Freunde, aber doch Partner und machen gemeinsam Politik.

ZEIT: Wenn Sie die alte Bundesrepublik betrachten bis 1989, wo sehen Sie die entscheidenden Stationen, an denen sich Deutschland als Demokratie bewies?

DÖNHOFF: Ich glaube nicht, dass es besondere Marksteine gibt. Ich sehe als die Hauptveränderung der 50 Jahre an, dass die Leute die Demokratie wirklich verstanden haben. In der Weimarer Republik wollte ja kaum jemand Demokratie; die einen wollten Monarchie und die anderen eine klassenlose Gesellschaft. Aber jetzt wollen alle Gewaltenteilung und Pluralismus. Niemand will sich mehr etwas vorschreiben lassen, alle wollen ihre Meinung sagen, wollen reisen können, wohin sie wollen. Auch die Selbstherrlichkeit haben wir abgelegt, den Glauben, alles zu wissen, viel Feind', viel Ehr' und all dieser Unsinn. Heute wollen die Deutschen nach Möglichkeit keine Waffen haben. Es hat sich ganz langsam enorm viel verändert, an Stationen kann ich das nicht festmachen. Aber als Summe scheint mir, dass die Leute nicht mehr so furchtbar laut sind, so selbstsicher. Wir sind ein liberales Land, ziviler und bescheidener geworden.

ZEIT: Glauben Sie, dass die Neigung zur Selbstüberhöhung endgültig verschwunden ist?

DÖNHOFF: Ja, absolut.

ZEIT: Kam sie nicht 1989/90 wieder?

DÖNHOFF: Nein, die Selbstüberhöhung ist absolut weg. Die Leute sind wirklich Demokraten geworden. Gerade gestern kam ich mit der Bahn gefahren, mit einem ICE. Der Mann, der früher nur mit großer Selbstgefälligkeit die Fahrkarten knipste, die Leute beschimpfte, wenn irgendetwas nicht in Ordnung war, der trägt jetzt Kaffee herum. Das wäre früher undenkbar gewesen.

ZEIT: Gibt es noch eine funktionierende Elite in Deutschland, und wie wichtig ist sie?

DÖNHOFF: Ja, das wird es immer geben. Es gibt immer Leute, die besser sind, mehr wissen als andere. Die müsste man auch besonders fördern. Ich würde keine Scheu davor haben, obwohl ich eine überzeugte Demokratin bin, Eliteschulen und -universitäten wie in den USA einzurichten, damit die guten Leute nicht in der Masse untergehen.

ZEIT: Wie definieren Sie Elite? Woran merkt man, ob jemand dazugehört?

DÖNHOFF: Wenn Sie sich im eigenen Bekanntenkreis umsehen, dann merken Sie, wer das Zeug zu mehr hat. Das kann man schwer wiegen oder messen. Das spürt man doch.

ZEIT: Glauben Sie, dass Elite nach wie vor so etwas wie ein ethisches Vorbild für alle sein muss?

DÖNHOFF: Ja. Mir geht es darum, einen ethischen Minimalkonsens in der Gesellschaft zu finden.

ZEIT: Im Laufe der letzten Jahre sind Sie eine der prominenten Kapitalismuskritikerinnen geworden. Was läuft aus Ihrer Sicht schief?

DÖNHOFF: Ich finde, unsere Gesellschaft neigt in allem zur Übertreibung. Wachstum ohne Grenzen, Freiheit ohne Grenzen, das geht nicht. Dann folgt irgendwann der Schrei nach dem starken Mann, der das wieder in Ordnung bringt. Wenn man moralische Grenzen beiseite schiebt, heißt es nur noch: Ich muss der Beste sein, sonst komme ich in dieser Wettbewerbsgesellschaft um. Dann ist nur noch der Egoismus der Motor – und das hat die Brutalität in unserer Gesellschaft erzeugt. Besonders schlimm ist die Situation in Osteuropa. Es kann nicht gut gehen, im Kopfsprung aus einer Plan- in die Marktwirtschaft zu springen, aus einer autoritären in eine *permissive society*. Doch genau das haben die westlichen Berater Anfang der neunziger Jahre verlangt. Man brauche nur Privateigentum einzuführen und Preise freizugeben, der Markt regele dann alles. Sie hatten völlig unrecht. Das hätte man langsam machen müssen und erst die politischen Strukturen setzen. So kamen im Osten natürlich Halsabschneider und Mafialeute, die Rücksichtslosen, nach oben.

ZEIT: Wenn die Deutschen immer europäischer werden, was, glauben Sie, hält dann künftig noch unsere Gesellschaft zusammen?

DÖNHOFF: Die Gefahr besteht, dass sich die Leute im Gegenzug zu der Europäisierung und zur Globalisierung wieder nach Vertrautem sehnen. Es kann passieren, dass die ethnische oder nationale Identität wieder eine größere Rolle spielt. Früher war man stolz, zum Beispiel Arbeiter bei Krupp zu sein, wenn der Vater schon bei Krupp war und der Großvater. Heute baut der Sohn mal was auf in Mexiko und am nächsten Tag in Asien. Dieses Verwobensein gibt es nicht mehr. Das könnte zurückschlagen.

ZEIT: Viele Leute fühlen sich bereits von Ausländern in ihrer Identität bedroht. Bei manchen schlägt das in Fremdenfeindlichkeit um.

DÖNHOFF: Ja, das ist traurig. Mir macht der angebliche Identitätsverlust nichts aus. Wir haben damals in Preußen so viele Leute assimiliert, in Berlin war eine Zeit lang jeder dritte ein Hugenotte. Das hat immer zwei Seiten, das bringt auch positive Aspekte.

ZEIT: Dennoch, sehnen auch Sie sich manchmal nach der Nation? Ist sie Ihnen wichtiger geworden nach 1989?

DÖNHOFF: Ich bin durch Hitler vollkommen entnationalisiert worden. Es bedeutet mir nichts, eine deutsche Fahne zu sehen oder eine zündende nationale Rede zu hören. Nichts.

ZEIT: Dann sind Sie Verfassungspatriotin?

DÖNHOFF: Ich weiß nicht, ob die Verfassung heute noch besser sein könnte. Aber ich würde sagen, dieser Staat ist der freieste, den wir je in Deutschland hatten, und darum bin ich an und für sich sehr zufrieden mit ihm.

ZEIT: Vielleicht ist es ja die verbreitete Sehnsucht nach Heimat, die den jetzigen Kanzler von der Berliner Republik reden lässt und davon, dass wir ein neues Selbstbewusstsein brauchen und erwachsen geworden sind. Das sind doch bestimmt Worte, die Sie sich vor 50 Jahren nicht vorstellen konnten.

DÖNHOFF: Nein, wir haben uns nur vorgestellt, die Deutschen müssten anders werden.

ZEIT: Anders?

DÖNHOFF: Ja. Sie waren 13 Jahre indoktriniert und hatten ganz schiefe Vorstellungen.

ZEIT: Heute will Deutschland »normal« sein. Ist dieses Wort für Sie in der 50-jährigen Geschichte wichtig gewesen?

DÖNHOFF: Ja, natürlich. Es war alles anormal, als wir anfingen. Die Vorstellungen von dem deutschen Wesen, an dem die Welt genesen sollte, mussten zuerst einmal abgerüstet werden. Dann galt es, etwas ganz Neues aufzubauen. Das ist in erstaunlich hohem Maße geschehen.

ZEIT: Ist der Glaube an die Demokratie in Ostdeutschland ähnlich verankert wie im Westen?

DÖNHOFF: Nein, die Ostdeutschen haben den Prozess noch zum Teil vor sich. Das hat ja auch in Westdeutschland lange gedauert.

ZEIT: Was können die Ostdeutschen der Bundesrepublik an Neuem bringen?

DÖNHOFF: Viel, denke ich. Ich habe mich zum Beispiel immer gefreut, wie viel stärker in der DDR – wie auch in Polen und Russland – der Sinn für das Künstlerische war, für Dichtung, für Schriftsteller, für Kunst. Das ist im Westen ganz an den Rand gedrängt vor lauter Begeisterung über den wirtschaftlichen Erfolg.

ZEIT: Was sehen Sie, wenn Sie 50 Jahre in die Zukunft zu blicken versuchen?

DÖNHOFF: Die Deutschen sind zu katastrophenbewusst, zu wenig optimistisch, zu wenig realistisch. Ich bin optimistisch im Blick auf die Zukunft der Republik. Aber man kann natürlich nicht sicher sein: Wenn die Leute politische Dummheiten machen, nützt auch der schönste Optimismus nichts.

MACHT UND MORAL

Was heißt eigentlich Ehre?
[2000]

Ich hatte gedacht, man hielte heutzutage »Ehre« für einen antiquierten Begriff, der in der hierarchischen Gesellschaft seinen Ursprung hatte, aber in unserer egalitären Gesellschaft – in der doch alle Menschen gleich sind – keine Rolle mehr spielt. Wie aber kommt es dann, dass Helmut Kohl sein Schicksal sowie das der CDU, vielleicht sogar das der Demokratie, vom Begriff der Ehre – seiner Ehre – abhängig macht? Ja, was ist eigentlich Ehre? Wann ist dieser Begriff zu einem entscheidenden Kriterium der Gesellschaft geworden?

Den Begriff Ehre, basierend auf Tapferkeit und Treue, findet man schon in dem ältesten Epos germanischer Sagen, also in vorchristlicher Zeit. Im Christentum spielte ausschließlich die Ehrfurcht gegenüber Gott eine Rolle. Im Mittelalter, als der Ständestaat allmählich zum Ordnungsprinzip wurde, bildete sich dann das Standesbewusstsein. Der Adel hatte einen Ehrenkodex, der von höfisch-ritterlichen Tugenden bestimmt war.

Auf diesen ritterlichen Ehrbegriff geht die Auffassung zurück, bei einem Angriff auf die Ehre sei für Adel und Offiziere das Duell Pflicht. Diese Sitte hat sich bis ins 19. Jahrhundert erhalten. In meiner Familie ging ein großer Besitz verloren, weil der einzige Erbe als Neunzehnjähriger 1810 im Duell gefallen war. Und für Offiziere wurde die Ehrengerichtsbarkeit erst in der Weimarer Zeit abgeschafft.

Auch der Stand der Kaufleute hatte seinen Ehrenkodex, aber der forderte nicht ritterlichen Mut und Tapferkeit, sondern bürgerliche Ehrbarkeit, Tüchtigkeit und Rechtschaffenheit. Ob die Hamburger Kaufleute sich darüber im Klaren waren, als sie Kohl eine Sonderehrung zuteil werden ließen?

Doch wie passt Helmut Kohls Ehrgefühl in diesen historischen Abriss? Während in der frühen Zeit das Urteil der anderen, die Reputation, also die »äußere Ehre« entscheidend war, hat im 18. und 19. Jahrhundert ein Wandel stattgefunden, hin zur »inneren Ehre«, entsprechend Kants Begriff der »sittlichen Autonomie des Menschen«. Eine Ehre also, die vom Menschen selbst, von seinem eigenen sittlichen Urteil abhängt.

Diese Ehre verlangte viel: Als Friedrich der Große an den Justizminister von Münchhausen das Ansinnen richtete, er solle ein bereits gefälltes Urteil umstoßen, schrieb dieser: »Mein Kopf steht Eurer Majestät zur Verfügung, aber nicht mein Gewissen.« Und der Oberst von der Marwitz, der das sächsische Schloss Hubertusburg hatte plündern sollen, weil die Sachsen zuvor die wertvolle Antikensammlung des Königs in Berlin mutwillig zerschlagen hatten, quittierte den Dienst und ließ auf sein Grab schreiben: »Wählte Ungnade, wo Gehorsam nicht Ehre brachte.«

Wo aber wird denn Kohl etwas zugemutet, was seiner Ehre widerspricht? Zur Ehre gehört doch, wie es das Standesbewusstsein vorschrieb, dass der »Ehrenmann« seine Pflicht tut. Und Kohls Pflicht ist es zweifellos, die Namen der anonymen Spender zu nennen. Fraglich ist allein, ob jemand überhaupt ein Ehrenmann sein kann, der jahrelang seine Pflicht verletzt und der Verfassung untreu wird, ein Parteichef, der sich systematisch über das von ihm zu hütende Parteiengesetz hinwegsetzt. Offenbar ist es umgekehrt. Helmut Kohl benutzt das Argument der Ehre, um seine Vergehen zu verbergen. Ist das nicht eher das Gegenteil eines Ehrenmannes?

Von der Kulturgesellschaft zur Konsumgesellschaft
[1999]

Während der Hitler-Zeit haben wir uns nach dem Rechtsstaat gesehnt, nach Freiheit und Gerechtigkeit. Schließlich war es eines Tages für uns alle so weit; doch nun entdecken wir, dass zwar die Voraussetzungen gegeben sind: Rechtsstaat, Gewaltenteilung, Pluralismus, dass die Gesellschaft aber keineswegs so ist, wie wir sie uns gewünscht haben und wie wir sie auch nach dem Ende der totalitären Regime für selbstverständlich hielten.

Warum ist das so? Was fehlt denn? Worauf haben wir all die Zeit gewartet? Antwort: Auf die *civil society*, eine zivile Gesellschaft also. Aber was wir bekamen, ist eine reine Konsumgesellschaft, manche sagen, eine Raff-Gesellschaft.

Ich glaube, wir müssen uns über eins klar sein: Liberalismus und Toleranz, die Vorbedingungen der *civil society*, sind dem Menschen nicht von Natur aus angeboren, er muss erst dazu erzogen werden, durch Elternhaus, Schule und Gesellschaft. Die Eigenschaften Liberalismus und Toleranz wie auch die Bürgergesellschaft sind ein Ergebnis der Zivilisation. Erst die Aufklärung, der Ausbruch aus der, wie Kant sagt, »selbstverschuldeten Unmündigkeit«, hat die Voraussetzungen für die Bürgergesellschaft geschaffen.

Preußen war übrigens im 18. Jahrhundert in der Entwicklung weiter als die meisten anderen Länder – es kam dem, was ein Rechtsstaat ist, verhältnismäßig nah. Das Allgemeine Preußische Landrecht gilt als das fortschrittlichste Recht seiner Zeit.

Rule of law, Gewaltenteilung, Pluralismus und Offenheit sind zwar Voraussetzungen, aber sie allein genügen nicht. Es kommt darauf an, was die Bürger daraus machen, auf ihre

Gesinnung kommt es an, auf ihr Verhalten und darauf, wie sie ihre Prioritäten setzen. Also: Nicht nur die Regierungen tragen die Verantwortung, jeder einzelne Bürger ist für das Ganze mitverantwortlich.

Mich beschäftigt die Frage: Wie kommt es, dass heute alles Interesse auf das Wirtschaftliche fixiert ist und das Geistige, Kulturelle, Humane, das doch das Wesen Europas ausgemacht hat, an den Rand gedrängt wird?

Bis zum 18. Jahrhundert, auch noch während des ersten Jahrzehnts des 19. Jahrhunderts, war Europa ein gemeinsamer geistiger Raum. Es war die unbestrittene Mitte der Welt. Der deutschsprachige Raum war damals das intellektuelle Laboratorium Europas. Männer, die die Welt verändert haben: Karl Marx, Albert Einstein und Sigmund Freud wirkten in Deutschland.

Wilhelm von Humboldt, der das Bildungs- und Universitätswesen in Deutschland bis in unser Jahrhundert hinein entscheidend geprägt hat, war überall in Europa zu Hause. Immer wieder berichtet er von wichtigen Begegnungen in Berlin, Rom, Paris. Er trifft Chateaubriand, Madame de Staël, Metternich, Rauch, Thorvaldsen. Natürlich kannte er Goethe, liebte und verehrte Schiller.

Es ist erstaunlich, wie beweglich sie alle waren, auch ohne Flugzeug, Eisenbahn oder Auto. Da erfährt man, wie sie heute in Rom zusammenkamen und wenig später in Krakau oder in Weimar Gespräche führten. Europa war eben über lange Zeiten – eigentlich seit der Renaissance – eine geistige Einheit.

In der zweiten Hälfte des 19. Jahrhunderts trat dann das Philosophisch-Künstlerische in den Hintergrund, und alles Interesse richtete sich auf Wissenschaft und Technik: Die Dampflokomotive wurde erfunden, die elektrische Glühbirne, das Telefon ...

In unserem Jahrhundert steht dann neben der Technik das

Materielle und Kommerzielle im Mittelpunkt allen Denkens und Handelns.

Man kann nur hoffen, dass Europa irgendwann zu seiner ursprünglichen Rolle zurückfindet und wieder dafür sorgt, dass eine philosophische Dimension in die politische Diskussion und in die Vorstellungen, die unsere Welt prägen, Eingang findet. Mit anderen Worten: dass die Fragen nach dem Sinn von Arbeit und Produktion, nach den Grenzen der Macht, dem Wesen des Fortschritts und dem Zuschnitt der Gesellschaft neu gestellt und ernsthaft diskutiert werden.

Die ausschließliche Diesseitigkeit, die den Menschen von seinen metaphysischen Quellen abschneidet, der totale Positivismus, der sich nur mit der Oberfläche der Dinge beschäftigt und jede Tiefendimension vergessen lässt, kann als einzige Sinngebung auf die Dauer nicht befriedigen.

Die Rahmenbedingungen, innerhalb derer wir heute agieren, sind bestimmt durch das Marktsystem, das auf dem Wettbewerb beruht, und der Motor des Wettbewerbs – ich muss besser sein als der andere – ist der Egoismus. Ein Egoismus, der vor nichts Halt macht. In seinem Gefolge wächst die Brutalität, die unseren Alltag kennzeichnet, wie auch die Korruption, die in vielen Ländern mittlerweile bis hinauf ins Kabinett reicht.

Typisch für unsere Gesellschaft ist der Freiheitsbegriff, der keine moralischen Grenzen kennt; typisch für unsere Gesellschaft ist das ungebremste Streben nach immer neuem Fortschritt, nach Befriedigung der ständig wachsenden Erwartungen: alles muss immer größer werden, von allem muss es immer mehr geben, mehr Freiheit, Wachstum, Profit ... Diese Entwicklung führt zwangsläufig zu Sinnentleerung, Frustration und Entfremdung. Auch für den Staat kann Wirtschaft nicht die einzige *raison d'être* sein.

Ohne einen ethischen Minimalkonsens kann eine Gesellschaft nicht existieren – sie braucht Spielregeln, Normen und eine gewisse Tradition.

Niemand kann bestreiten, dass das Marktsystem in seiner Effizienz von keinem anderen Wirtschaftssystem übertroffen wird; aber wenn der Markt kritiklos idealisiert wird, wenn ihm keine ethischen Grenzen gesetzt werden, wenn er sozusagen als säkularisierte Eschatologie angesehen wird, dann entartet das Ganze.

Am Ende aller Geschichte?
Die Niederlage des Marxismus bedeutet nicht den Triumph des Kapitalismus
[1989]

Manchmal könnte man wirklich meinen, die Geschichte mache sich lustig über die Menschen, die ihre Theorien mit dem Anspruch ewiger Wahrheiten vortragen und sie mit solch feierlichem Ernst vertreten.

Da hatte Karl Marx vor 150 Jahren – wie seine Adepten seither und bisher – wirklich geglaubt, wenn die Menschheit seinen Ideen nachlebe, werde sie einen Endzustand paradiesischer Harmonie erreichen. Das Merkwürdige aber ist, dass es gerade seine überzeugend anschauliche Anklage der elenden Arbeitsverhältnisse jener Zeit war, die dazu beigetragen hat, den von ihm verdammten Kapitalismus zur Humanisierung zu zwingen und so seine Akzeptanz zu sichern, während die Konkretisierung seiner abstrakten Theorien die Adepten allenthalben ins Unglück gestürzt hat.

Heute sieht jeder ein, dass der Kommunismus in der Praxis scheitern muss, weil die totale Unterwerfung unter eine zentrale Planungsbürokratie jede Lust zur Innovation zerstört und die Arbeitsinitiative tötet. Weil ferner die mit diesem System entstandene Nomenklatura dem Ideal sozialer Gerechtigkeit hohnspricht, das verheißene »Reich der Freiheit« mitsamt dem »Neuen Menschen« ad absurdum führt. Für Marx und seine Jünger stand ja der Lauf der Geschichte fest. Die Evolution der Menschheit hatte vom Patriarchat über den Feudalismus zum Kapitalismus geführt und würde über den Imperialismus zwangsläufig zum Sozialismus gelangen und sodann das Endziel erreichen, den Kommunismus.

Sein Räsonnement: Im Kapitalismus, der auf der Existenz des Privateigentums beruht, wird alles zu Ware und also zu

Geld – auch die Arbeit. Damit verliert die Arbeit ihren schöpferischen Charakter und wird nicht als Selbstverwirklichung empfunden, sondern nur als Erwerb des Lebensunterhalts. Der Einzelne wird, so meint Marx, durch die Lohnarbeit sich selbst entfremdet. Erst wenn das Privateigentum an den Produktionsmitteln abgeschafft ist, könne sich dies ändern.

Noch einmal: Die Geschichte, die offenbar das Irrational-Clowneske der Menschheit zu demonstrieren liebt, hat auf dem Weg ins Paradies der klassenlosen Gesellschaft die Entfremdung des Menschen, die Karl Marx doch dem antagonistischen Kapitalismus prophezeit hatte, stattdessen an die Fersen des Marxismus geheftet.

Aber damit nicht genug – es gibt noch mehr Absurditäten. Jetzt beginnen die triumphierenden Gegner von Marx, vor allem die Amerikaner, des Propheten absurde Vorstellung von einem Endzustand der Geschichte ihrerseits zu prognostizieren. So stand in der *International Herald Tribune* vor einigen Monaten als dreispaltige Überschrift: *We can now answer Plato's question.* Der Autor Charles Krauthammer, ein Kolumnist, erklärte: »Die Frage, die seit Platos Zeiten alle politischen Philosophen beschäftigt hat: *Welches ist die optimale Regierungsform?*, ist jetzt beantwortet.« Dreimal darf man raten, wie. Krauthammers Antwort: »Nach einigen Jahrtausenden des Ausprobierens der verschiedenen Systeme beenden wir nun dieses Jahrtausend in der Gewissheit, dass wir mit der pluralistisch-kapitalistischen Demokratie das gefunden haben, was wir suchten.«

Noch deutlicher sagt es der stellvertretende Chef des Planungsstabes im State Department, Francis Fukuyama. In der Vierteljahreszeitschrift *National Interest* erklärte er zu den aktuellen Ereignissen: »Was wir erleben, ist vielleicht nicht nur das Ende des Kalten Krieges oder einer bestimmten Periode der Nachkriegsgeschichte, sondern das Ende der Geschichte überhaupt; also der Endpunkt ideologischer Evolution der Menschheit und der Beginn weltweiter Gültigkeit der westlichen liberalen Demokratie als endgültige Form menschlicher Regierung.«

Da wird einem wirklich bange, und man fragt sich, ob nun als nächster absurder Einfall der Geschichte vielleicht der Kapitalismus zu Grunde geht und von einem geläuterten Sozialismus gerettet wird. Das ist gar nicht so unvorstellbar, wie es klingt. Gewiss, als wirtschaftliches System ist der Sozialismus im Wettstreit mit der Marktwirtschaft gescheitert. Aber als Utopie, als Summe uralter Menschheitsideale: soziale Gerechtigkeit, Solidarität, Freiheit für die Unterdrückten, Hilfe für die Schwachen, ist er unvergänglich.

Und unsere so erfolgreiche westliche Gesellschaft? Betrachtet man sie einmal von außen, wie ein Unbeteiligter, dann könnte man meinen, unsere Sozial- und Wirtschaftsordnung sei bereits auf dem Abstieg, denn ihre positiven wirtschaftlichen Folgen zeitigen natürlich auch negative Begleiterscheinungen.

Das Engagement für das Ganze, also für Staat und Gesellschaft, hat einem erschreckenden Egoismus Platz gemacht. Karriere und Geld nehmen jetzt die erste Stelle ein. Die Maximierung des Einkommens ist zum höchsten Lebensziel, nicht nur der Yuppies, geworden. So zwingend ist dies, weil nicht nur Lebensstandard und Wohlbefinden, sondern auch Ansehen und Einfluss am Geld gemessen werden. Ein Gefühl für gesellschaftliche Verantwortung wird immer seltener.

Allein in London gibt es über 10 000 Obdachlose, die ihre Nächte in U-Bahn-Schächten, auf Parkbänken und in verlassenen Gebäuden verbringen. In Amerika sind es offenbar drei Millionen. Sowohl in England als auch in Amerika wächst mit dem Reichtum zugleich die Armut. In einem Bericht von Wissenschaftlern heißt es, dass sich die Zahl der Sozialhilfeempfänger im britischen Königreich seit 1979 von vier auf acht Millionen verdoppelt hat. Es wird nachgewiesen, dass innerhalb von zehn Jahren der Reallohn bei der höchsten Einkommensteuerklasse um 22 Prozent stieg, bei der untersten Klasse aber um 10 Prozent gesunken ist. Umso unbegreiflicher, dass Anfang dieses Jahres der Höchststeuersatz von sechzig Prozent auf vierzig Prozent reduziert wurde. Auch in Amerika wird die Kluft zwischen Arm und Reich immer größer. Dreiunddreißig Prozent aller Schwarzen leben unterhalb der offiziellen Armutsgrenze, bei den Weißen sind es elf Prozent.

Besonders erschreckend ist das Bild der westlichen Gesellschaft, wenn man sich die Korruptionsfälle der letzten zwölf Monate vor Augen führt. Da ist der Ministerpräsident Griechenlands, Andreas Papandreou, der mit mehreren Ministern seines ehemaligen Kabinetts und anderen Würdenträgern vor Gericht gestellt wird. In zwei Fällen ist Klage bereits erhoben worden; der Vorwurf, Anstiftung zur Untreue, private Bestechung und Hehlerei, wird noch geprüft. Da ist ferner in Japan der Skandal des Informations- und Immobilienkonzerns Recruit, dessen Chef mit Hilfe manipulierter Aktienverkäufe versucht hat, sich politische Macht und große Geschäfte zu sichern. Die Regierung ist darüber gestürzt. Etwa 130 Persönlichkeiten aus Wirtschaft und Politik sind in diesen Skandal verwickelt.

Die Geldgierigen waren auch in Amerika nicht faul. Unter Präsident Reagan sind fast 1000 Verfahren wegen krimineller Vorgänge im Amt eingeleitet worden. Von den 535 Mitgliedern des letzten Kongresses sind 20 wegen unethischen Verhaltens angeklagt worden. Der Fall des Jim Wright, Sprecher des Repräsentantenhauses, hat zehn Monate lang einen Untersuchungsausschuss beschäftigt; Wright hat Geschäfte, die als Nebeneinnahmen hätten angegeben werden müssen, nicht deklariert. Man muss sich das einmal vorstellen: Der dritte Mann im Staat nach Präsident und Vizepräsident muss wegen finanzieller Vergehen zurücktreten, während der als Verteidigungsminister vorgesehene Senator Tower wegen Alkoholismus nicht bestätigt werden konnte.

An derlei Übelstände scheint Amerika sich gewöhnt zu haben, aber das, was die Bevölkerung wirklich das Gruseln lehrt, ist die Drogensucht, die sich, einer mittelalterlichen Seuche gleich, ausbreitet, nicht nur in den Großstädten. Das *Wallstreet Journal* beschreibt eine Kleinstadt in Delaware: Seit die Crack-Dealer 1985 dorthin gelangt sind, beherrschen brutaler Mord, Raubüberfälle, Prostitution und Syphilis den ländlichen Ort. Überall nehmen die Verbrechen zu. Die Polizei schätzt, dass achtzig Prozent der rasch zunehmenden Verbrechen in Amerika in Zusammenhang mit Drogen stehen.

In einem Bericht aus Washington heißt es: »Nur ein paar Häuserblocks vom Weißen Haus entfernt fallen, wie in allen Großstädten, Nacht für Nacht Schüsse, sterben zumeist junge Menschen. Straßenzüge, ganze Stadtteile werden vom Kokain regiert, Familien zerbrechen, gewachsene Sozialstrukturen zerfallen.« Jeden Tag werden in Amerika etwa 600 Babys von Müttern geboren, die kokainsüchtig sind. Sie wiegen bei der Geburt manchmal nur 1500 Gramm, haben Wachstumsstörungen und Gehirnschäden.

Heimsuchungen aller Art, die sich gegenseitig verstärken und bedingen, ergeben ein trauriges Bild: Arbeitslosigkeit, Alkohol- und Drogenmissbrauch, Prostitution, Kürzungen des Sozialprogramms, Steuersenkungen und Budgetdefizit. Sollte dies wirklich die perfekte Gesellschaft sein, die für alle Zeiten über den Sozialismus triumphiert?

Die Verantwortung des Einzelnen
[1999]

Es gibt ein Buch von Hermann Sinsheimer, das den Titel trägt: »Gelebt im Paradies«. Es beginnt mit dem Satz: »Dies ist die Geschichte einer Reise aus dem 19. ins 20. Jahrhundert, aus dem Dorf in die Stadt, aus der Schule in den Beruf ...«

Mein Leben geht zwar nicht so weit zurück, aber es umfasst doch immerhin die weite Spanne vom ersten Jahrzehnt des 20. Jahrhunderts bis zu dessen Ende. Der Weg führt auch vom Land in die Stadt, in meinem Fall von einem Schloss mit vielen Angestellten und einem dazugehörigen großen Besitz in die Stadt zu einem bürgerlichen Beruf. Ich nenne das mein erstes und mein zweites Leben.

Angeregt durch den Sinsheimer Preis frage ich mich, ob es Ähnlichkeiten zwischen beiden Daseinsformen gibt und worin sie gegebenenfalls bestehen. Meine Antwort lautet: Ja, ohne Zweifel gibt es sie. Die Wertvorstellungen sind ähnlich, oder mindestens sollten sie es sein, nur ist die konkrete Umsetzung verschieden; dies liegt zum Teil auch daran, dass die Reaktionen auf Verpflichtungen und Versuchungen verschieden sind.

Die wichtigsten Qualitäten, die jeder in seinem Bereich pflegen und besitzen muss, weil ohne sie das menschliche Zusammenleben nicht konfliktfrei funktionieren kann, sind Verantwortungsgefühl, Toleranz, Liberalität.

Verantwortungsgefühl für die Gemeinschaft ist in meinem ersten Leben – also für die zum Besitz gehörenden Menschen, mit denen man aufgewachsen ist und mit denen man in einer lebendigen persönlichen Beziehung stand – ganz selbstverständlich; alle haben ein Interesse am Gelingen des gemeinsamen Unternehmens: oben und unten müssen zusammenwirken, damit es klappt.

In meinem zweiten Leben ist dies sehr viel komplizierter, weil es in der egalitären Gesellschaft keine Spielregeln und keine Verhaltensnormen für die verschiedenen Berufe gibt, also »die Ehre des Beamten«, »die Pflicht des Politikers« oder auch »die Tradition der Stände« zählen nicht mehr als Sonderbewertung.

Der Journalist, der der größeren Gemeinschaft, also dem anonymen Leser, dem Land, der Nation gegenüber verpflichtet ist, spürt diese Verpflichtungen zufolge der Überbetonung des Individualismus sehr viel weniger konkret. Er muss ohne eine spezifische menschliche Bindung und möglichst ohne Emotionen nicht seine persönliche Meinung propagieren, sondern sozusagen abstrakt die Möglichkeiten der bestehenden Sachlage analysieren und dem Leser die Argumente Pro und Kontra darstellen, damit dieser sich seine eigene Meinung bilden kann.

Und die zweite Voraussetzung: Toleranz, wie steht es damit? Toleranz zu üben fällt in der ländlichen, hierarchischen Gesellschaft viel schwerer, weil dort der, der oben ist, meint, er blicke weiter, habe mehr Übersicht als die Untergebenen. Das Wesen der Toleranz ist aber zunächst einmal zu prüfen, ob nicht die Meinung des anderen durchaus berechtigt ist, weil sie entweder überzeugender ist oder weil sie ebenfalls vertretbar ist.

Toleranz verlangt, dass eine von der gültigen Regel abweichende Ansicht nicht als Häresie verdächtigt und Kritik am Bestehenden nicht als Ketzerei verfolgt wird. Auch darf über dem Recht der Mehrheit der Schutz der Minderheit nicht vergessen werden.

Und Liberalität? Warum ist Liberalität so wichtig? Liberalität steht eigentlich für Weltoffenheit. Der Bürger soll offen sein für Veränderungen, weil Geschichte ein Prozess ist und kein Zustand, und er soll, was ihm fremd erscheint, nicht gleich verdammen. Wer Liberalität bewusst praktiziert, wird nicht die eigene Meinung verabsolutieren, er wird nicht dem Ideologen glauben, der sein System als Schlüssel zu Glück und Gerechtigkeit anpreist.

Der liberale Journalist muss – wenn es möglich ist und die objektive Faktendarstellung es zulässt – versuchen, im emotionalen Bereich kontrapunktisch zu wirken. Wenn also Pragmatismus in Opportunismus ausartet, an ethische Prinzipien erinnern, und wenn Träumereien als konkrete Rezepte empfohlen oder Interessen als Ideale ausgegeben werden, auf die Realität und das Machbare hinweisen.

Der dritte Punkt: Liberalität stellt an den journalistischen Beruf in der städtischen Gesellschaft höhere Anforderungen, als sie den Konservativen in der ländlichen Gesellschaft zugemutet werden. Er muss tagtäglich prüfen und entscheiden, während sein ländlicher Kollege sich mehr Zeit lassen kann. Zwar muss auch er die eigene Position immer wieder infrage stellen, um sich für Veränderungen offen zu halten, denn erstarrte Macht und Besitzverhältnisse blockieren die Freiheit – aber es sind nur gelegentliche Entscheidungen, die getroffen werden müssen.

Resumé: Es genügt nicht, dass der Rechtsstaat garantiert ist, dass es Pluralismus und Gewaltenteilung gibt, die Bürger – jeder Einzelne von uns – muss sich seiner Verantwortung der Gemeinschaft gegenüber bewusst sein, muss Toleranz und Liberalität üben – nur dann kann das Ganze funktionieren.

Der Motor des Marktsystems
Anläßlich der Abiturfeier von Marion Dönhoffs
Schule in Nikolaiki, Polen
[1998]

Meine Damen und Herren,
Liebe Schüler,

es ist ein eigenartiges Gefühl, hier zu stehen und zu denken, dass diese Schule, in der junge Menschen für ihr Leben und hoffentlich zum Nutzen der Gemeinschaft herangebildet werden, nun meinen Namen tragen wird.

Ich bewundere den Mut derjenigen, die diese Entscheidung getroffen haben. Als ich zum ersten Mal von dem bevorstehenden Entschluss gehört habe und gefragt wurde, ob ich zustimme, war ich ganz erschrocken. Erschrocken über die große Ehre, aber auch über die Verantwortung, die dies bedeutet.

Meine Antwort lautete darum: Ich denke, man sollte für eine so wichtige Sache wie die Bestimmung des Namens nicht den eines lebenden Menschen wählen (man weiß ja nicht, was der noch alles anstellen wird) sondern lieber auf Nummer Sicher gehen und einen Verstorbenen auf solche Weise zum Signum bestimmen. Aber der Mut der Entscheidungsträger war stärker als meine Bedenken.

So will ich einmal versuchen aufzuzeigen, wie ich meine, dass junge Menschen, die von hier aus ins Leben treten, ausgerichtet sein sollten.

Zunächst muss man sich einmal das politisch-geistige Klima der Gesellschaft vergegenwärtigen, in die sie eintreten werden. Wir leben in einer Epoche unbegrenzter Freiheit und wirtschaftlich gesehen in einem System, das als Marktsystem bezeichnet wird. Das heißt, es ist ein System, in dem der Wettstreit entscheidet, wer überlebt und wer nicht. Mit anderen Worten, der Motor des Marktsystems ist der Egoismus (ich muss besser sein als der andere) und dies bedeutet, dass für jedermann die Versuchung, fünf gerade sein zu lassen, sehr groß ist. Die Versuchung nämlich, es mit der Steuer, mit den Gesetzen, mit den Methoden gegenüber der Konkurrenz nicht so genau zu nehmen.

Für unser Thema, wie müssen die jungen Menschen beschaffen sein, die in diese Gesellschaft eintreten, bedeutet dies, sie müssen sehr feste ethische Vorstellungen haben, denn eine Gesellschaft ohne Bindungen, ohne Spielregeln, ohne einen ethischen Minimalkonsens der Bürger, kann auf die Dauer nicht überleben. Eine solche Gesellschaft würde einfach zerbröseln.

Und worin könnten solche ethischen Vorstellungen bestehen? Voraussetzung, denke ich, ist das Wissen um eine höhere Macht, vor der jeder Einzelne von uns Verantwortung trägt. Wenn es eine solche Überzeugung nicht gibt, dann wird der Mensch ein Opfer seiner Gier nach Macht, dann wird seine Überheblichkeit, seine Arroganz für alle unerträglich.

Und welche Eigenschaften muss der heranwachsende Staatsbürger besitzen und pflegen? Ich will hier keinen Verhaltenskatalog aufstellen, aber ich würde gern zwei Gesichtspunkte als besonders wichtig nennen: Gerechtigkeit zu üben und Toleranz zu praktizieren.

Toleranz heißt, nicht die eigene Meinung als die einzig gültige anzusehen, sondern sich stets zu fragen, ob nicht der andere vielleicht doch Recht hat. Und auch dies: Nicht jedes neue Konzept als Häresie, als Irrlehre, zu betrachten, sondern es erst einmal zu prüfen.

Sehr wichtig – auch dies gehört zum Kapitel »Toleranz« – ist die Achtung der Minderheitsmeinung. Der Maßstab, nach dem die Demokratie aufgebaut ist, nämlich die Mehrheit hat

Recht, darf nicht dahin missdeutet werden, dass die Minderheit kein Recht habe. Auch sie verdient Achtung.

Liebe Schüler, wir sind in ein neues Zeitalter eingetreten. Der Nationalstaat ist nicht mehr die oberste Instanz, ihm gebührt zwar unsere Loyalität und Liebe, aber er ist Teil Europas; und es ist Europa, das wir bauen wollen – vergesst das nie.

Wenn es uns gelingt, in Freundschaft und bereit zur Versöhnung, also ohne Gewaltanwendung, mit unseren Nachbarn zu leben, dann ist der Friede gewiss; dann brauchen wir auch nicht mehr unsinnig viel Geld für Rüstung auszugeben.

Und nun wünsche ich der Schule und allen, die ihr angehören, Glück, Erfolg und Befriedigung.

Die Deutschen – wer sind sie?

Zwanzig Jahre nach dem Bau der Mauer beschwört in Berlin eine Ausstellung Preußens Gloria
[1981]

Vielleicht haben die Deutschen nie eine Identität besessen? Man muss sich wirklich fragen, ob sie je mit sich selber so identisch waren, wie Engländer oder Franzosen dies sind. Die Deutschen waren immer wieder jemand anders. So rasch wechseln die Bilder, dass man meinen könnte, fast jede Generation stelle ein anderes Volk dar. Einst waren sie als Dichter und Denker bekannt, waren es die Unsterblichen der Musik, die das Bild der Deutschen prägten. Sie waren Wissenschaftler und Gelehrte – lange Zeit war Deutschland das geistige Laboratorium Europas, alle neuen Ideen des 19. Jahrhunderts entstanden hier. Karl Marx, Sigmund Freud und Albert Einstein waren die Urheber großer Entdeckungen und Einsichten, die für die ganze Welt noch heute bestimmend sind. Dann setzte erst die wilhelminische Generation die Welt in Schrecken, und danach stampften die Deutschen in braunen Hosen und Nagelstiefeln durch das gleiche Land. Bis dann auch diese wieder verschwanden.

Es gibt kein Deutschland mehr, aber es gibt immer noch die Deutschen, auch wenn sie jetzt anders bezeichnet werden. Aber wer sind sie denn nun eigentlich, diese Deutschen? Hören wir, was ein Franzose dazu sagt. Der Historiker Pierre Gaxotte meint, die deutsche Geschichte sei ohne Gleichgewicht und ohne Kontinuität, sie verlaufe in Kontrasten und Extremen. Wörtlich sagt er: »Deutschland ist das Land der wunderbaren Aufstiege und apokalyptischen Katastrophen.«

Wenn man über die Jahrhunderte zurückblickt, muss man ihm Recht geben: Da war der Dreißigjährige Krieg, der das

Land in Grund und Boden verwüstet hatte – die Einheit Deutschlands schien hoffnungslos verloren. Aber dann, in den nachfolgenden Türkenkriegen, sehen wir Österreich, das damals zum Reich gehörte, zur Großmacht aufsteigen. Zwar setzte Napoleon 1806 jenem Reich ein Ende, aber auch aus diesem Niedergang entwickelte sich wieder ein Aufstieg moderner Staaten, allen voran der Aufstieg Preußens. Als dann der Deutsche Bund, in dem sich 36 Staaten zusammengeschlossen hatten, 1866 auch wieder ein Ende fand, wurde 1871 im neuen Kaiserreich die Einheit Deutschlands geschaffen.

In unserem Jahrhundert setzte sich die Kettenreaktion von Aufstieg und Fall weiter fort. Der Erste Weltkrieg, in dem eine ganze Generation verblutet war, führte zu einer Wirtschaftskrise ohnegleichen: Die bürgerlichen Schichten verarmten in einer Inflation, bei der 1923 am Schluss 4,2 Billionen Mark für einen Dollar gezahlt werden mussten. Ein Arbeitslosenheer von sechs Millionen war die Folge einer Weltwirtschaftskrise, die Deutschland, das durch seine Exportabhängigkeit und die unsinnigen Reparationslasten besonders krisenanfällig geworden war, hart traf. Doch wieder folgte ein unglaublicher Aufstieg. Unter Hitler erhob sich das Volk, das eben noch tief darniederlag, zu ungewöhnlichen Leistungen. Das Land wurde zur stärksten militärischen Macht in Europa. Hitler forderte, getreu dem absurden Spruch »viel Feind, viel Ehr'«, die ganze Welt heraus.

Die Deutschen überrannten im Westen 1940 die von allen Fachleuten für uneinnehmbar gehaltene französische Maginot-Linie und drangen im Osten bis in die Außenbezirke von Moskau vor. Und dann wieder ein Zusammenbruch ohnegleichen. Diesmal, so meinte man, werde es keinen Aufstieg mehr geben. Aber trotz Verlust von einem Viertel des alten Reiches, Teilung des verbliebenen Restes, Überschwemmung Westdeutschlands mit mehr als zehn Millionen besitzlosen Flüchtlingen, die in den zerbombten Städten und überbelegten

Dörfern Zuflucht suchten, begann dann doch das, was von aller Welt als »Wirtschaftswunder« bestaunt wurde. Bis die Bundesrepublik nun schließlich zur ersten Wirtschaftsmacht in Europa geworden ist.

Das Charakteristikum der Deutschen ist also wohl wirklich der Wechsel von apokalyptischem Fall und phönixhaftem Aufstieg. Wobei die Frage nicht ist, was Ursache und was Wirkung ist, ob also der Aufstieg den Fall heraufbeschwört oder der Fall den Aufstieg herausfordert. Entscheidend ist, dass beiden ein Element der Maßlosigkeit innewohnt. Es fehlte uns bisher ganz einfach der Sinn für das Maß, und es fehlte allzu häufig das Talent zum Kompromiss.

Die Deutschen, wer sind sie? Typisch für die Deutschen ist eine gewisse Realitätsferne, eine merkwürdige Neigung zum »Unbedingten«. Wir finden sie in der Philosophie bei Hegel, auch schon bei Kant und vielfach in der Literatur. Von der Romantik über die Jugendbewegung der Jahrhundertwende bis in unsere Tage kommt in der Literatur immer wieder die Sehnsucht nach einem Dasein im Unbedingten zum Ausdruck, dem eine Geringschätzung des bürgerlichen Lebens entspricht, das sein Genüge im Alltäglichen und Materiellen findet.

Zu den fundamentalen Charakterzügen der Deutschen gehört seit Martin Luther die Verherrlichung der »inneren Freiheit«, was im weltlichen Bereich zu einem häufig missverstandenen Individualismus geführt hat. Adolf Löwe hat dies sehr anschaulich gemacht, indem er die Deutschen den Engländern gegenüberstellt, die stets bemüht seien, Extreme zu meiden. Ihre Maxime lautet, so meint er: »Treibe nie ein Argument bis zur letzten Konsequenz, das stört den Gemeinsinn«, während in Deutschland Kongresse oft nur mit einem Schlachtfeld zu vergleichen seien. Löwes Resümee: »Der Preis politischer Freiheit ist die Selbstbegrenzung des Individuums. Man kann nicht beides haben.«

Immer wieder wurden die Deutschen in der Vergangenheit magisch angezogen von irgendwelchen fernen Höhen oder mystischen Abgründen – übrigens im Osten Deutschlands stärker als im Westen, der der Aufklärung mehr zugetan war. Ideen müssen, nach dem Geschmack der Deutschen, erhaben und tief empfunden sein, nicht unbedingt konkret und praktisch. Ahnen bedeutet ihnen oft mehr als Wissen, und Empfinden wird häufig mehr bewundert als Analysieren. Mythische Urinstinkte sind für viele interessanter als wirklichkeitsbezogene Erkenntnisse.

Das Wesen der Deutschen? Ich denke, es sind drei Faktoren, die den Charakter der Deutschen entscheidend bestimmt haben. Erstens: die geographische Lage im Zentrum Europas – kein anderes Land hat so viele Nachbarn, also Grenzen, wie Deutschland. Zweitens: die Verschiedenartigkeit der Lebensauffassung – die östlichen Teile waren vom absolutistisch-feudalen Osten, die westlichen von den bürgerlich-demokratischen Tendenzen Englands und Frankreichs bestimmt. Drittens: schließlich die beiden Konfessionen, die das Land immer in einer gewissen Spannung hielten: der Protestantismus im Osten und im Norden, der Katholizismus im Westen und im Süden.

Die Grundeinstellung, die ganze Lebensweise waren je nach Himmelsrichtung verschieden. Im Osten war seit der Zeit des Ordens auf dem Lande die Gutsherrschaft üblich, im Westen dagegen die Grundherrschaft. Das heißt, im Osten wirtschaftete der Besitzer selber, was ihm den Charakter eines Unternehmers gab; im Westen verpachteten die Besitzer ihr Eigentum an Grund und Boden und zogen den Zins ein. Der Westen war von jeher durch die Städte und die städtische Lebensweise, bald auch durch die Industrie bestimmt. Der Osten dagegen war agrarisch geprägt. Dort ist darum das soziale Beharrungsvermögen, das allzu lange Festhalten an traditionellen Ordnungsvorstellungen und

Wertsystemen besonders ausgeprägt gewesen. Die Unausgeglichenheit der Deutschen mag in all diesen Spannungen begründet sein.

Was die Geschichte mit dem Wiener Kongress 1815 zusammengefügt hatte, wurde nach 1945 wieder voneinander geschieden: der Osten und der Westen Deutschlands. Heute, über 30 Jahre später, scheint in den beiden so ungleichen Teilen die Erinnerung an die gemeinsamen preußischen Ahnen zur gleichen Stunde wieder wach zu werden. In der DDR wurde Friedrich II. von höchster Stelle der Beiname »der Große« wieder zugebilligt, den man ihm ostentativ entzogen hatte. Auch wurde er aus der Verbannung zurückgeholt und abermals auf dem angestammten Platz – Unter den Linden in Berlin – aufgestellt. Die SED hat wohl eingesehen, dass man einen Staat nicht in der Luft schwebend installieren kann, dass er ohne Wurzeln keine Glaubwürdigkeit und vielleicht auch keine Lebensfähigkeit besitzt.

In der Bundesrepublik aber ist seit 1945 nie so viel von Preußen gesprochen worden wie in den letzten zwölf Monaten. Dutzende von Preußen-Büchern werden in diesem Jahr auf der Frankfurter Buchmesse vorgelegt. Und in Berlin wird in diesen Tagen die große Preußen-Ausstellung – Rückblick auf vier Jahrhunderte – eröffnet.

Es ist, als hätte die List des Weltgeistes die Karten gemischt: Beide deutsche Staaten waren im Zeichen heftiger antipreußischer Ressentiments angetreten – Adenauer hasste Preußen und war froh, dass der Osten eigene Wege ging; für die Kommunisten in der DDR, geprägt von den antifeudalen Grundsätzen des Karl Marx, war diese Animosität selbstverständlich. Nun aber wenden beide zugleich ihr Interesse den missliebigen preußischen Vorfahren zu.

Hat Preußen so viel Interesse verdient? Hat es ein Recht auf das Lob, das seine Verehrer ihm spenden? Oder sind die Vorwürfe gerechtfertigt, die seine Feinde ihm machen?

Preußen hat zwei Höhepunkte gehabt: das 18. Jahrhundert, das Zeitalter der Aufklärung und Toleranz, und die Reformzeit zu Beginn des 19. Jahrhunderts. In jener ersten Periode haben die Intellektuellen Europas Friedrich dem Großen als dem aufgeklärten Herrscher schlechthin ihr Lob gespendet. Voltaire, der glänzendste europäische Geist seiner Zeit, schrieb 1740 an seine Nichte: »Nun bin ich endlich in Potsdam. Unter dem verstorbenen König war es ein Exerzierplatz und kein Garten, mit dem Tritt des Garderegiments als einziger Musik, Revuen statt Schauspielen und Soldatenlisten als Bibliothek. Heute ist es der Palast des Augustus, der Sitz der Schöngeister, der Lust und des Ruhmes, der Pracht und des guten Geschmacks.«

Preußen hatte die in Frankreich verfolgten Hugenotten aufgenommen wie die durch die Gegenreformation aus Böhmen und Mähren vertriebenen Glaubensflüchtlinge. Es hatte die Salzburger in Ostpreußen angesiedelt und als erstes Land Europas die Folter abgeschafft. Das Allgemeine Landrecht Preußens galt als das fortschrittlichste Recht der Zeit, und zum ersten Mal waren hier die Voraussetzungen für eine bessere Erziehung und Bildung geschaffen worden. Friedrich der Große schätzte die Jesuiten als tüchtige Lehrer und gewährte ihnen darum Zuflucht, als ihr Orden aus den katholischen Ländern Europas vertrieben und schließlich 1773 vom Papst aufgelöst wurde. Den Katholiken ließ er in Berlin die große, repräsentative Hedwigskirche erbauen, und immer wieder ermahnte er beide Konfessionen, Toleranz gegeneinander walten zu lassen.

In der zweiten großen Periode, der Reformzeit zu Beginn des 19. Jahrhunderts, ist ein absolutistisch regierter Staat in einen modernen, rechtlich fundierten Verwaltungsstaat umgewandelt worden. Die Stein-Hardenbergschen Reformen führten die Bauernbefreiung ein und die Selbstverwaltung der Städte. Humboldt gründete damals die Universität in Berlin.

»Demokratische Grundsätze in einer monarchischen Regierung, dieses scheint mir die angemessene Formel für den gegenwärtigen Zeitgeist«, schrieb Hardenberg. Aber dem Geist der Liberalität war kein langes Leben beschieden. Nach den ersten zwei Jahrzehnten zog unter dem Einfluss Metternichs langsam die Reaktion in Europa ein, und die Zeit der Restauration begann. Von Reformen wollte man nun nichts mehr wissen.

Bismarck hat Preußen dann unwiderruflich mit dem Schicksal Deutschlands verbunden. Er hat die Einheit Deutschlands im Kampf gegen Habsburg durchgesetzt, denn nur, wenn es einem deutschen Partikularstaat gelang, sich als zweite Großmacht neben Österreich zu etablieren, konnte dieses Ziel erreicht werden. Freilich war dies nur bei äußerster Konzentration möglich, nur, wenn alles andere dem Politischen und Militärischen untergeordnet wurde.

So ergab sich denn die Überschätzung des Militärischen, dem der deutsche Staat ja in der Tat seine Existenz verdankte. Solange Bismarck da war, dessen Politik auf ein europäisches Gleichgewicht ausgerichtet war, wurde dies noch nicht deutlich, aber als dann sein Augenmaß fehlte, führte jedes Denken zu einer totalen Sinnentleerung. Am Ende wusste niemand mehr, was eigentlich die Ziele Wilhelms II. waren, wozu er seine schimmernde Wehr aufbaute und zu welchem Ende er die wachsende Flotte gebrauchen wollte. Man sah kein Konzept, nur wirtschaftlichen und militärischen Ehrgeiz: Macht um der Macht willen, das schien die Devise des geistlosen, pseudopreußischen Wilhelminismus zu sein. Das wirkliche Preußen war längst tot, als der alliierte Kontrollrat am 25. Februar 1947 die Auflösung des preußischen Staates verfügte.

Finis Germaniae
[1957]

Vielen ist der Zorn flammend rot ins Gesicht gestiegen beim Lesen dieser Worte des Kanzlers: »Wenn die SPD die Regierung übernimmt, so bedeutet das den Untergang Deutschlands« – wörtlich: den Untergang Deutschlands! *Finis Germaniae!*

Kann man sich vorstellen, dass Macmillan je sagen würde, Englands Untergang stehe bevor, wenn Gaitskell ihn ablöse? Gewiss würde in England ein Wechsel der Regierung nicht wie in Deutschland eine totale Veränderung der außenpolitischen Linie mit sich bringen; aber schließlich steht ja noch gar nicht fest, dass die SPD eine solche Veränderung tatsächlich durchführen würde. Während es also noch keineswegs sicher ist, dass die Opposition das Konzept der Außenpolitik verderben würde, lässt sich bereits mit Sicherheit sagen, dass der Regierungschef das Klima der Innenpolitik ruiniert hat. Man denke: So ruhige, besonnene Politiker wie Kaisen und Suhr [Bürgermeister von Bremen und West-Berlin] sagten das Essen beim Bundesrat ab, weil sie mit Adenauer nicht an einem Tisch sitzen wollten! Es heißt, Feldherren gewönnen ihre Schlachten meist, weil der Gegner Fehler mache, und nur selten, weil sie überlegen seien – auch im Wahlkampf hat diese Regel schon oft ihre Gültigkeit bewiesen.

Der Rechtsstaat in Gefahr?
Die Folgen von Brokdorf
und den Berliner Hausbesetzungen
[1981]

Eigentlich hatte niemand damit gerechnet, dass der Marsch der 70 000 nach Brokdorf – diesem Symbol des Anstoßes – so glimpflich verlaufen werde. Denn Brokdorf ist zum Wahrzeichen, ja, zum Gessler-Hut einer Gesellschaft stilisiert worden, die nicht zulassen will, dass andere Lebensvorstellungen realisiert werden als die, die nun einmal seit jeher im Schwange sind. SPD und CDU, Behörden und Demonstranten, Gerichte und Journalisten, fast alle hatten gemeint, es werde zu Schlägereien, Tumulten, Brutalitäten aller Art kommen. Niemand hätte sich gewundert, wenn am Schluss Tote auf der Walstatt gelegen hätten.

Die Bewunderung, die allenthalben den friedlichen Demonstranten zuteil wird, die viel dazu beitrugen, die Gewalttätigen zurückzuhalten, und das Lob, das der Polizei gezollt wird, die in dieser schwierigen Lage taktisch klug, dienstlich gelassen und menschlich umsichtig vorging, ist vollauf berechtigt und wohl verdient. Aber wenn erst die Erleichterung darüber, die alle beschwingt, verflogen ist, dann werden die harten, grundsätzlichen Probleme wieder deutlich hervortreten.

Was soll aus diesem Staat werden, so wird die Jeremiade vieler Bürger lauten, der ein Verbot ausspricht, das von 70 000 Leuten übertreten wird, ohne dass etwas geschieht? Und nicht nur das: Die Obrigkeit ist sogar noch dankbar und ganz gerührt, dass bei diesem Unternehmen bloß 128 Polizisten verletzt, zwei Wasserwerfer zerstört und nur das Gebäude einer Kläranlage in Brand gesteckt worden ist.

Und weiter wird es heißen: Wie kann der Rechtsstaat überleben, wenn in Berlin jetzt schon über hundert Häuser illegal besetzt wurden und der Senat – also die Regierung der Stadt – die Staatsanwaltschaft beim Landgericht »nachdrücklich« auffordert, in der Strafverfolgung nachsichtig zu sein, sich dann aber die Staatsanwaltschaft über diese Aufforderung des Regierungschefs hinwegsetzt und, ganz im Gegenteil, Beschwerde gegen die Haftverschonung eines Studenten durchsetzt? Oder wenn andersherum der Polizeipräsident der staatsanwaltschaftlichen Anordnung zur Durchsuchung eines besetzten Hauses – Frist: eine Woche – nicht nachkommt, vielmehr Fristverlängerung beantragt, weil er der Meinung ist, dass dies im Augenblick zu einer »unkalkulierbaren Eskalation der Gewalt« führen würde? Heißt das, so werden manche fragen, dass heute jeder machen kann, was er will?

Gewiss hätte der Ministerpräsident von Schleswig-Holstein das gewaltige Polizeiaufgebot, das ihm zur Verfügung stand, dort aufstellen können, wo die verbotene Zone begann, also vier bis fünf Kilometer vor dem Reaktorgelände, und hätte anordnen können, dass alle niedergeknüppelt werden, die ihren Fuß über diese Linie setzen. Selbstverständlich könnte der Regierende Bürgermeister von Berlin alle Häuser mit Gewalt und unter Einsatz von Tränengas räumen lassen. Aber was wäre die Folge? Eine Verbitterung ohnegleichen, vor allem in der jungen Generation. Eine Eskalation von Wut und Brutalität, die niemand mehr stoppen kann. Der Terrorismus würde geradezu gezüchtet. Aus kleinen, intellektuell verirrten Gruppen, die gezielte terroristische Aktionen begingen, wie wir es 1977 erlebten, könnte in einer Stadt wie Berlin, die durch Überalterung und Subkultur charakterisiert ist, ohne weiteres ein Massenterrorismus entstehen. Der Polizeistaat wäre das Ende. Wem wäre damit gedient?

Die Frage, was aus dem Rechtsstaat wird, wenn Verbote nicht mehr geachtet, Straftaten nicht mehr geahndet werden, ist natürlich berechtigt. Nur: Man muss sich darüber klar sein, dass der Rechtsstaat auf vielfältige Weise aufs Spiel gesetzt werden kann. Er kann an einem Mangel an Ordnung, Gesetzestreue und Disziplin zu Grunde gehen, er kann aber auch zu Tode exerziert werden durch das Verabsolutieren von Paragraphen oder Verordnungen – wie beim Radikalenerlass oder durch starres Festhalten an Kompetenzen: keine Hausbesetzung, auch wenn Hunderte von Häusern jahrelang leer stehen und Tausende von Menschen keine Bleibe finden. Beide Wege können – *fiat justitia, pereat mundus* – letzten Endes in den Polizeistaat führen, den niemand will.

Wir leben in einer Zeit, die sehr fern ist von jener, in der ein hoher Beamter, der auf dem Sterbebett gefragt wurde, an was er denke, antwortete: »An den Staat.« An den Staat denkt heute niemand mehr. Heute denken die meisten in erster Linie an sich selbst, sorgen sich vor allem um ihr Wohlergehen, halten nur ihre eigenen Auffassungen, Urteile und Ideen für wahr, richtig und gut.

Damals, »in jener Zeit«, gab es eine Oberschicht, die sich aus sich selbst heraus ergänzte und reproduzierte, die ihr Wertsystem und ihre Spielregeln mitbekam und nur wenig verändert weiterreichte. In unserer offenen Gesellschaft, die ihre Führungselemente auf ganz andere Weise rekrutiert, in der Bildung und Aufklärung in alle Kreise der Bevölkerung hineinreichen, herrscht in Bezug auf Wertvorstellungen und Spielregeln eine viel größere Pluralität und Flexibilität.

Mancher mag den Mangel an Grundsätzen, das Fehlen eines verbindlichen Wertsystems beklagen, mag diesen Zustand abstoßend, vielleicht sogar anarchisch finden. Aber wie dem auch sei: Dies ist die Welt, in der wir leben. Dies ist die Gesellschaft, in deren Rahmen Politik gemacht werden muss und für die ganz andere Sozialisationsbedingungen gelten als für die vorangegangenen.

Was würde es dem Regierenden Bürgermeister Hans-Jochen Vogel wohl nutzen, trüge er allen Gesetzesbuchstaben Rechnung und verlöre doch die Fähigkeit, die Stadt zu regieren? Wohin führt es, wenn die Politiker in Bonn, Schleswig-Holstein oder wo auch immer sagen wollten, in einer repräsentativen Demokratie wie der unseren stellen die gewählten Volksvertreter fest, ob wir Kernenergie brauchen und Reaktoren bauen müssen oder nicht; wir dürfen nicht zulassen, dass hier irgendwelche Bevölkerungsgruppen sich anmaßen, außerhalb dieses durch die Verfassung gesetzten Rahmens mitzureden und getroffene Entscheidungen zu blockieren?

Gewiss: Wenn jeder sein Recht selbst in die Hand nähme, dann würden bald nur die Brutalen Recht haben und sich mit dem Recht des Stärkeren durchsetzen, die Schwachen blieben dann einfach auf der Strecke. Aber so ist es nun ja nicht.

Es ist doch nicht so, dass die Regierenden alles wissen und perfekt erledigen und die Bürger eigentlich nur stören. Gerade Berlin hat gezeigt, wie miserabel dort regiert worden ist. Wie anders wäre es denn möglich, dass von öffentlich-rechtlichen Organisationen Häuser in großer Zahl aufgekauft wurden – nicht, um sie wiederherzustellen oder abzureißen und neue an ihre Stelle zu setzen, sondern einfach, um sie leer stehen zu lassen und auf eine bessere Konjunktur zu warten? Übrigens ist jenes Haus, das binnen einer Woche geräumt werden sollte, schon seit einem Jahr besetzt – seit Februar 1980! Da hat dann doch die zunächst sanfte Gewalt der Hausbesetzer auf einen Missstand aufmerksam gemacht, der sonst vielleicht noch Jahre angedauert hätte.

Und bei der Kernenergie haben die vielen Bürgerinitiativen auch zu Verbesserungen geführt. Ein blauäugiger Beschluss der Volksvertreter, die sagten, wir können die Sache mit der Kernenergie nicht beurteilen, wir müssen uns auf die Wissenschaftler verlassen – wobei sie nicht wissen, ob die Wissenschaftler vielleicht unreflektiert mit der Industrie an einem

Strang ziehen –, ist durch Bürgerinitiativen verbessert worden. Viele Sicherheitsvorschriften, die unsere Reaktoren sicherer machen als die anderer Länder, wurden verordnet. Auch die Erfolge beim Energiesparen sind darauf zurückzuführen, dass solche Aktivitäten mit dazu beigetragen haben, das Bewusstsein in der Bevölkerung aufs Sparen zu orientieren.

Die Kassandra-Visionen derer, die den Rechtsstaat zu Grunde gerichtet sehen oder meinen, die repräsentative Demokratie könne mit den uns gestellten Problemen nicht mehr fertig werden, gehören nicht zu den kreativen Phantasten, die es ja auch gibt, sondern zu den höchst unproduktiven, die verhindern, dass immer wieder über neue Möglichkeiten und Lösungen nachgedacht wird. Man darf nur nicht glauben, dass das Grundgesetz Patentrezepte dafür liefert, wie man mit Problemen und Konflikten fertig werden kann. Auch die beste Verfassung bietet nur den Rahmen, innerhalb dessen die Politiker dann Phantasie und Geschick beweisen müssen.

Selbstverständlich lässt sich mit den uns gestellten Problemen auch im Rahmen des demokratischen Rechtsstaates fertig werden. Das vergangene Wochenende stellt da durchaus hoffnungsvolle Prognosen, denn es hat sich gezeigt, dass beide Seiten begriffen haben, was die Uhr geschlagen hat. Die Regierenden müssen auf dem schmal gewordenen Grat zwischen Repression und *permissiveness* balancieren. Diejenigen, die zu alternativen Lebensformen gelangen wollen, ohne den Polizeistaat heraufzubeschwören, müssen dafür sorgen, dass ihre Reihen nicht von brutalen Chaoten infiltriert werden. Was beides nicht einfach ist.

Wenn beide Seiten sich klar darüber werden, dass sie nur gemeinsam in Freiheit überleben oder gemeinsam in den Polizeistaat steuern können, und wenn beide entsprechend handeln, dann kann eigentlich nichts schief gehen.

Antisemitisch?
[1999]

Was ist die Aufgabe der Presse? Die Aufgabe ist, über Fakten zu informieren, nicht, Meinungen zu indoktrinieren; Herrschaft durchschaubar zu machen, Urteile, auch wenn sie befremdlich sind, mit Toleranz zu prüfen, Probleme zu rationalisieren und Stimmungen zu entemotionalisieren.

Das alles ist nicht leicht. Es gibt Vorurteile, und es gibt Versuchungen – beispielsweise die Versuchung, eine andere Meinung als Häresie zu verunglimpfen oder Illusionen als moralische Maximen darzustellen.

Die sechsspaltige Überschrift der *Welt* auf der ersten Seite am Wochenende lautete: »Die antisemitische Stimmung in Deutschland wächst«. Als Beweis wird die törichte Umfrage eines Instituts angeführt, zu der tausend Befragte Stellung nehmen mussten. Es war keine Frage, sondern eine insinuierende Aussage. Sie lautete: »Die Juden haben einfach etwas Besonderes und Eigentümliches an sich und passen daher nicht so recht zu uns« – nur 59 Prozent der Deutschen hätten mit »deutlicher Ablehnung« reagiert. Und dieser fragwürdige Beweis dient als Rechtfertigung für einen alarmierenden Titel auf der ersten Seite!

Schade, ich hatte die *Welt* in den letzten Monaten – seit ihrer Wende – allenthalben als eine der besten Tageszeitungen gepriesen und zum Lesen empfohlen, weil sie wunderbar übersichtlich strukturiert wird und weil sie nicht den neuen Rezepten verfällt. Die neuen Rezepte? Unterhaltung statt Information, spektakuläre Enthüllungen, keine langweiligen Analysen, es muss vielmehr knallen und blitzen. *Marketing journalism* heißt dies in angelsächsischer Formulierung.

Was soll, was darf die Kirche?
[1981]

Die Kirche kann und soll interpretieren, was christlich und was unchristlich ist, und sie soll dies auch laut sagen. Aber die Kirche besteht aus Menschen, und diese sind fehlbar, sind der Versuchung zugänglich, entbehren oft des Mutes; darum hat die Kirche keineswegs immer Recht. Sie hat weder die moralische noch die politische Weisheit gepachtet. Beide Kirchen haben in verschiedenen historischen Situationen versagt, auch wenn es gleichzeitig großartige einzelne Vertreter gab, die den Mut zum Bekennen besaßen.

Konkret: Es wäre wichtiger gewesen, zu Hitlers Zeiten öffentlich zu sagen, dass Mord, Sklaverei, falsches Zeugnis reden unchristlich ist, als heute in Hirtenbriefen die hohe Staatsverschuldung anzuprangern oder im protestantischen Talar in Brokdorf zu demonstrieren.

Der Geistliche X soll nicht daran gehindert werden, an dieser oder anderen Demonstrationen teilzunehmen – das ist sein Grundrecht als Bürger. Aber wenn er zu diesem Zweck den Talar anzieht, dann soll das doch wohl heißen: Ich als der Vertreter der Kirche bin zum Urteilen besser gerüstet. Das Evangelium weiß es besser – aber die Kirche? Man braucht nicht zu den Zeiten der Inquisition zurückzugehen oder die dunklen Kapitel der Geschichte der Päpste aufzuschlagen, um dies zu bezweifeln.

Auch die Kirche irrt. In der protestantischen Kirche gab es zur Nazizeit die Bekennende Kirche, deren Vertreter wegen ihres Bekenntnisses zu den christlichen Werten oft gemaßregelt und häufig ins Gefängnis gesteckt wurden; und es gab die »Deutschen Christen«, die sich mit ihrer Spitze, dem »Reichsbischof«, dem Regime angepasst hatten und ihm in den Augen naiver Bürger eine gewisse Legitimation verliehen.

Niemand darf der Kirche den Mund verbieten. Im Gegenteil: Die Bürger, die Wert darauf legen, sich über das christliche Verständnis des Menschen und seiner Welt klar zu werden, begrüßen es, wenn zu den grundsätzlichen Problemen unserer komplexen und verwirrenden Welt ein Wort gesagt wird, das andere Horizonte ableuchtet als die der jeweiligen Legislaturperiode und das aus anderen Dimensionen stammt als denen, die unsere Politiker bedenken müssen.

Die Frage ist nur: Wer spricht? Bischof Scharf, Erzbischof Romero, Kardinal Wyszynski oder irgendein Talar-Träger, der ebenso verwirrt ist wie viele von uns, der aber meint, mit der schwarzen Robe besitze er auch bereits die letzte Wahrheit?

Eine zweite entscheidende Frage ist: Wo verläuft die Grenze zwischen dem Reich, das »nicht von dieser Welt ist«, und den Problemen, die unsere politische Welt stellt? Die Kirche hat ein Wächteramt, das an die christliche Ethik gebunden ist. Darum konnte sie in der Diskussion um die Versöhnung mit den Polen mitreden, darum muss sie bei der Debatte über den § 218 Stellung nehmen, darum gibt es kirchliche Erklärungen zur Sozialethik: Mitbestimmung an Stelle von Klassenkampf. In all diesen Fällen reicht die Theologie weit in den Bereich der Politik hinein. Aber irgendwo ist eine Grenze. Mittelstreckenraketen ja oder nein – Kohle- oder Nuklearkraftwerke? Diese Fragen gehören doch wohl nicht mehr dazu.

Vielleicht könnte man sagen, die Kirchen sollten der Welt *ihre* Fragen stellen und nicht versuchen, die politischen Tagesfragen, die sich der Welt stellen, zu lösen.

»Besser wäre, dass einer stürbe ...
... als dass die Justiz aus der Welt käme«
[1975]

Wo eigentlich waren sie alle, die so oft und gern vom Staatsbewusstsein, von fehlender Autorität und mangelnder Verantwortung dem Ganzen gegenüber reden? Was sagten die Jaegers und Dreggers, als beraten wurde, ob jene im barschen Ton gegebenen Befehle der Erpresser ausgeführt werden sollten oder nicht? Sie schwiegen. Erst als der Konsensus aller Parteien und Instanzen sichergestellt, die Entscheidung getroffen war und der Beschluss in die Tat umgesetzt wurde, da gab Jaeger die Mutmaßung zum besten: »Wenn die CDU in Berlin in der Regierung gewesen wäre, würde man die Terroristen schon vorher gefasst haben.« Und Dregger verlegte sich darauf, unter bestimmten Voraussetzungen für zukünftige Fälle die Todesstrafe zu fordern.

Zugegeben, die Entscheidung, die da getroffen werden musste, glich einem Balanceakt zwischen moralischen Motivationen, deren Priorität festzulegen einem Alptraum gleichkommt. Man kann gut verstehen, dass niemand sich danach drängte, an diesem Unternehmen freiwillig mitzuwirken. Es war – das spürte jeder – eine jener historischen Entscheidungen, die zu Bausteinen im Leben eines Volkes werden, weil sie Symbol und Substanz zugleich sind; weil sie den Stoff liefern, dem die Dichter ihre Gleichnisse entlehnen, aus dem der Teppich der Geschichte gewoben wird.

Da geht es nicht nur um Humanität: »Unter allen Umständen ein Menschenleben retten«; nicht nur um Pragmatismus: »Auf keinen Fall Präzedenzen schaffen und Anschlusstäter begünstigen.« Da geht es auch um den Rechtsstaat und damit um die Fundamente der Gesellschaft.

Der Staat sei dazu da, das Leben des Einzelnen zu erhalten, sagen die meisten. Wie aber, wenn bei immer neuen Geiselnahmen ein Dutzend einzelner Leben erhalten, aber das Leben aller allmählich zur Farce wird? Man wird den Verdacht nicht ganz los, dass die Ausschließlichkeit, mit der jene Priorität betont wird, ein Alibi für die Negierung aller anderen Loyalitäten sein könnte. Und der Sinn des Staates? Ist er wirklich für den Einzelnen da? Obliegt es ihm nicht gerade, den Bestand und das Funktionieren der Gesellschaft zu garantieren? Oder sind Staat und Gesellschaft überhaupt identisch?

Nein, Staat und Gesellschaft sind nicht dasselbe. In Holland heißt das Wort für Gesellschaft bezeichnenderweise *Samenleving*. Die Gesellschaft ist das Zusammenleben, der Staat aber ist die politische Organisation; es sind die Behörden, Gesetze und Institutionen, die diese Gesellschaft sich gibt. Da der Staat in der Verfassung wurzelt, ist für ihn Beständigkeit charakteristisch, denn die Verfassung kann ja nur mit Zweidrittelmehrheit verändert werden. Die Gesellschaft aber, als die politische Repräsentanz der Bürger, deren Maßstäbe, Anschauungen und Gepflogenheiten, sind stetem Wechsel ausgesetzt. Mit anderen Worten, das Haus, das die Architekten, die die Verfassung zimmerten, errichtet haben, ist auf Dauer angelegt, während diejenigen, die darin wohnen und regieren, wechseln.

Die Gesellschaft ist nicht nur die Summe der Einzelnen, sie ist etwas qualitativ anderes, etwas, das unter Umständen auch einmal des Opfers bedarf. Es ist schwer, über die sozusagen »letzten Dinge« der Politik zu diskutieren, weil es natürlich auch in diesem Bereich Moden gibt, Meinungen darüber, was progressiv ist und was nicht. Und weil es Klischees gibt, mit denen bei gewissen Themen alle Nuancen überklebt werden; *law and order* ist so ein Begriff.

Vielleicht ist es leichter, sich im Bereich des Literarischen – was ja oft nur eine Übersetzung des Politischen ist – zu verständigen. Der Kurfürst in Kleists »Prinz von Homburg« ist gewiss keine simple *law and order*-Figur. Wie Prometheus an den Felsen, so ist er an seine Autorität gekettet. Er weiß, dass ihn dies schwächt, weil er dadurch jegliche Bewegungsfreiheit einbüßt, aber er kennt auch die Kraft, die das Ethos des Gesetzes ihm verleiht und die er nicht aufs Spiel setzen darf. Darum wird der Prinz diesem Ethos bis zur Absurdität unterworfen, und erst seine Einsicht in die Notwendigkeit rettet ihn im Verein mit der Gnade des kurfürstlichen Oheims.

Im Kommunismus spielen subjektive Einsicht und obrigkeitliche Gnade gegenüber der Objektivität des geschichtlichen Prozesses keine Rolle. Aber es gibt auch für die Kommunisten ein höheres Gesetz. In seinem Lehrstück »Die Maßnahme« schildert Brecht einen solchen Konflikt. Die vier Agitatoren, die ausgesandt sind, die Lehre zu verbreiten, kehren heim und melden den Tod eines jungen Genossen. Sie haben ihn eigenhändig erschossen und in eine Kalkgrube geworfen. Warum? »Er wollte das Richtige und tat das Falsche ... Er hat Mitleid gehabt ... Er hat ein kleines Unrecht verhindert, aber das große geht weiter ... Er gefährdet die Bewegung.«

So weit die Literatur – und die Geschichte? Die brandenburgisch-preußische kennt manches Beispiel, wo das eigene Leben nicht über alles andere gestellt wurde. Im Siebenjährigen Krieg hat Friedrich II. testamentarisch verfügt, dass, sollte er in Gefangenschaft geraten, keiner Lösegelderpressung nachgegeben werden dürfe. In vielen Konflikten hat das Gesetz über alle Einwände gesiegt. Das Schulbeispiel: Das Kriegsgericht, das in Berlin zusammentrat, um den Leutnant Katte, der in die Fluchtpläne des Kronprinzen eingeweiht war, abzuurteilen. Friedrich Wilhelm I. hatte 15 Offiziere bestimmt, die in fünf Ranggruppen – von den Kapitänen bis zu den Generälen – unabhängig voneinander richteten und deren

Urteile schließlich in den Spruch: »Lebenslängliche Festung« zusammengefasst wurden.

Der zornige König setzte sich kurzerhand über das Kriegsgerichtsurteil hinweg und befahl die Todesstrafe. In einem langen Schreiben begründete er, warum kein Präzedenzfall geschaffen werden dürfe; es schließt mit den Worten: »Seine Königliche Majestät seyend in Dero Jugend auch durch die Schule gelofen und haben das lateinische Sprüchwort gelernt: Fiat Justicia pereat mundus ... wenn das Kriegsgericht dem Katten die Sentence publicieret, soll ihm gesagt werden, dass es S.K.M. leid thäte, es wäre aber besser, dass er stürbe, als dass die Justiz aus der Welt käme.«

Jedes Gesellschaftssystem hat sein spezifisches Credo. Der demokratische Rechtsstaat anerkennt als seine höchsten Güter das menschliche Leben und die Unabhängigkeit seiner Institutionen und Organe, weil dadurch der größtmögliche Raum für die Freiheit garantiert wird. Aber es gibt kein demokratisches Modell, das, einmal entworfen, für alle Zeiten unveränderte Handhabung ermöglicht.

Geiselnahmen, die das Ziel haben, bestimmte politische Willensentscheidungen zu bewirken, sind ein Delikt, das heute die ganze Welt verunsichert. Die Reaktion der Gesellschaft darauf kommt in dem wachsenden Wunsch nach Rache und Sühne zum Ausdruck. Es wird auf lange Sicht aller Führungskunst bedürfen, die Gesellschaft zum Maßhalten zu bewegen. Nach der Bonner Entscheidung – als Antwort auf eine Erpressung fünf rechtskräftig verurteilte Kriminelle aus dem Gefängnis herauszulassen – dürfte diese Aufgabe nicht leichter geworden sein.

Drei oder fünf junge Terroristen, die den Staat in seinen Grundfesten erschüttern können – was das bedeutet, wird man erst nach und nach begreifen.

Der Alte Fritz und die neuen Zeiten
Ein wenig mehr von seinem Geist würde uns nicht schaden
[1991]

Im Schloss Charlottenburg hängt ein Gemälde, das Friedrich den Großen, tot in seinem Ohrensessel sitzend, darstellt, eine Kerze neben sich, an seiner Seite ein alter Diener – sonst niemand. Man denkt, so kann es ja wohl nicht gewesen sein, da war doch sicher die Familie anwesend oder Teile des Kabinetts oder mindestens der Minister von Hertzberg. Aber nein, es war tatsächlich so. Folgerichtig war denn auch der Wunsch des Königs, in aller Stille um Mitternacht auf der Terrasse von Sanssouci begraben zu werden – neben seinen Windhunden, den einzigen Wesen, denen er noch in Liebe zugetan war.

Wenn man sich diese bis zur äußersten Konsequenz getriebene Skepsis und Askese vergegenwärtigt, dann steht die jetzt vorgesehene Bestattung in einem merkwürdigen Missverhältnis zu des Königs Vorstellungen. Aber das Gezeter über zu viel »Brimborium« erscheint dem unbefangenen Beobachter dann doch auch reichlich absurd.

Die Amerikaner holen ihre gefallenen Soldaten aus Vietnam und Irak heim; jeder Indianerstamm lebt mit seinen verstorbenen Ahnen – warum soll Friedrich der Große nicht zurückkehren in sein geliebtes Sanssouci? Zu viel »Brimborium«? Daran ist der Zeitgeist schuld – ohne Brimborium geht's nicht: Selbst ein dubioser Sieg wird mit der größten Konfettiparade aller Zeiten gefeiert.

Wer war denn überhaupt dieser Friedrich II., den die Alliierten bei ihren *reeducation*-Bemühungen samt Luther und Bismarck in eine Linie stellten mit Hitler? Dieser von Vernunft und Aufklärung bestimmte König hatte nun wirklich nichts gemein mit dem rassistisch gesonnenen, in Wahnvorstellungen befangenen Hitler – von dem Ernst Niekisch einst sagte, er sei die Rache der Österreicher für Königgrätz. Das alte Preußen war geradezu die Antithese Adolf Hitlers. Unter dessen ersten zehn Kumpanen gab es keinen einzigen Preußen, aber 75 Prozent der nach dem Attentat vom 20. Juli Hingerichteten waren Preußen.

Für Friedrich war es ein weiter Weg von den fröhlichen Tagen in Rheinsberg, im Kreise vielseitig begabter, witziger Freunde, bis zu diesem einsamen, der Liebe baren Ende in Sanssouci. Damals, in Rheinsberg, lebte er in der Welt der Wissenschaft, der Künste und der Poesie und versenkte sich in den Geist der Antike und der Aufklärung. Es war die Zeit, in der der Kronprinz sich voller Abscheu gegen Machiavellis »Principe«, den realpolitischen Zyniker, wandte und in seinem »Antimachiavell« das Bild des Fürsten zeichnete, für den der Inbegriff der Pflicht die Wohlfahrt der Untertanen ist: »Der Fürst als erster Diener des Staates.«

Dieser Maxime – also der Staatsraison – ist Friedrich bis zum Ende treu geblieben; aber seine politischen Ideale hat er als König rasch aufgegeben. Im Testament von 1752 sagt er: »Ich muss zugeben, dass Machiavell Recht hat.« Ohne Macht geht es eben nicht. Aber je mehr Macht er ansammelte, desto zynischer wurde er.

Im Sommer 1740 bestieg Friedrich II. den Thron, und schon im Dezember 1740 überfiel er ohne Grund und ohne Warnung Schlesien und überzog die Kaiserin Maria Theresia mit Krieg. Das Motiv: Sein armes Land bestand aus vielen unzusammenhängenden Flicken; wenn er politisch mitspielen wollte im Kreise der Großen, musste er sich die Macht, die er von Haus aus nicht besaß, zusammenrauben, gleich, mit welchen Mitteln (auch England hat sein Weltreich ja nicht geschenkt bekommen). Ausgedehnte Ländereien und Schlachtenruhm, das war es, woran das Ansehen der Monarchen damals gemessen wurde. Vertragsbrüche, Koalitionswechsel, Überfälle auf den Nachbarn, das verursachte niemandem Kopfzerbrechen.

Friedrich war mit heutigen Augen gesehen ein Intellektueller: geistreich, selbstironisch, frivol, lesewütig. Er schrieb mit großer Leichtigkeit, vierzig Bände füllen seine Schriften, allein drei Bände seine Korrespondenz mit Voltaire, dem zu jener Zeit größten Geist Europas. Als Reaktion auf den brutalen Vater hasste Friedrich alles Militärische. Die Uniform war für ihn ein »Sterbekittel«.

Von den Zeitgenossen werden sein Charme, die Liebenswürdigkeit und Anmut dieses »Lieblings der Götter« gepriesen und der junge König als »Philosoph auf dem Thron« apostrophiert. Dass er auch ehrgeizig, zäh und mutig, zuweilen leichtfertig war, wurde dabei übersehen.

In einem Brief Voltaires an seine Nichte heißt es: »Nun bin ich endlich in Potsdam. Unter dem verstorbenen König war es ein Exerzierplatz und kein Garten, mit dem Tritt des Garderegiments als einziger Musik, Revuen statt Schauspielen, Soldatenlisten als Bibliothek. Heute ist es der Palast des Augustus, der Sitz der Schöngeister, der Lust und des Ruhmes.«

Auf dem langen Weg vom aufgeklärten Moralisten zum skeptischen Zyniker ist Friedrich sich selbst entfremdet worden. Oft hat er über das »abscheuliche Handwerk« geflucht, zu dem er als König verurteilt sei. Er hasste die Machtpolitik und das Kriegführen, aber dann war es immer wieder die Ruhmsucht, die ihn verführte. Eine merkwürdige Ruhmsucht übrigens: Sie diente nicht zur Befriedigung persönlicher Lust, sondern dem Ansehen Preußens.

Als der König 1763 nach dem geglückten Friedensschluss in Hubertusburg nach Berlin zurückkam, verbat er sich alle Huldigungen – die bereitstehende Prunkkalesche bestieg er nicht, sondern fuhr auf Nebenwegen zum Schloss. Die langatmigen Gnadengebete für den König und seine Familie fand er deplatziert, darum erließ er eine Order an die Feldprediger, sie sollten sich fürderhin beschränken auf: »In Sonderheit empfehlen wir dir, lieber Gott, deinen Knecht, unseren König.«

Kaum hatte der 28-Jährige den Thron bestiegen, brach bei ihm die aufgestaute Sehnsucht nach Reformen durch. Es ging Schlag auf Schlag. Am ersten Tag: Befehl an die Armee, nicht mehr mit Absicht und Übermut das Volk zu schikanieren. Am zweiten Tag ließ er wegen der zu erwartenden schlechten Ernte die staatlichen Kornkammern öffnen und das Korn zu vernünftigen Preisen an die Armen verkaufen. Am dritten Tag verbot er das »Fuchteln«, also die Stockschläge für Kadetten. Am vierten schaffte er den Gebrauch der Folter bei Kriminalfällen ab. Am fünften verbot er die »gewohnten Brutalitäten« bei der Soldatenwerbung.

Seine beiden Testamente von 1752 und 1768 sind umfangreiche Kompendien, die Aufschluss über die Lage des preußischen Staates geben und über die Bestrebungen des Königs. In beiden Fällen lautet der erste Satz: »Es ist Pflicht jedes guten Staatsbürgers, seinem Vaterland zu dienen und sich bewusst zu sein, dass er nicht für sich allein auf der Welt ist, sondern zum Wohl der Gesellschaft beizutragen hat.« Die Regierung beruht, so stellt Friedrich dort fest, auf vier Hauptpfeilern: auf der Rechtspflege, weiser Finanzwirtschaft, straffer Erhaltung der Manneszucht im Heer und auf der Kunst, die geeigneten Maßnahmen zur Wahrung der Staatsinteressen zu ergreifen.

Friedrich hat Preußen als Rechtsstaat konstituiert. Er hat einen wissenschaftlich geschulten, unabhängigen Richterstand geschaffen, dazu eine klare Gerichtsverfassung mit drei Instanzen und der modernen Prozessordnung. Mit der allerhöchsten Kabinettsorder vom 14. April 1780 schränkte der König die Gesetzgebungsgewalt, die zu den Hoheitsrechten des absoluten Herrschers gehörte, freiwillig ein. Gleichheit aller Staatsbürger vor dem Gesetz, wie er es postulierte, das war im 18. Jahrhundert keineswegs üblich. Neu war auch, dass der König sich nicht mehr als Eigentümer, sondern als Verwalter des Landesvermögens ansah. Preußen hat überdies als erstes Land Europas die Schulbildung für alle eingeführt. Schließlich war das Allgemeine Preußische Landrecht das fortschrittlichste Recht seiner Zeit.

Dieser preußische König war auch der Erste, der den Mut hatte, mit den rebellischen Vereinigten Staaten, nachdem diese ihre Unabhängigkeit von Großbritannien erklärt hatten, einen Handels- und Freundschaftsvertrag zu schließen. Darin wurden Verhaltensweisen für internationale Humanität festgelegt – übrigens auch für Kriegsgefangene, was erst hundert Jahre später zur Norm werden sollte. George Washington schrieb 1786: »Es ist der liberalste Vertrag, der je zwischen zwei Mächten geschlossen wurde.«

Mitten in der alten Welt des Absolutismus war dieser König vom Geist der Aufklärung erfüllt und setzte ihn um in praktische Politik. Rechtssicherheit, Gewissensfreiheit, Toleranz waren seine Prioritäten. Alle Verfolgten und Vertriebenen fanden im 18. Jahrhundert in Preußen Aufnahme. Toleranz gegenüber den Konfessionen und den Ausländern wurde von Friedrich dem Großen mit äußerster Konsequenz durchgesetzt. Er regierte aufgeklärt, aber absolutistisch, denn die Bevölkerung bestand zu achtzig Prozent aus Analphabeten – Reformen konnten also nur von oben oktroyiert werden. Am Ende seiner Regierungszeit war Preußen, dem im Grunde alle Voraussetzungen dafür fehlten, zur fünften Großmacht in Europa geworden.

Resümee: Es kann doch wirklich niemand im Ernst glauben, die Beisetzung dieses Mannes in Sanssouci könne zum Signal für neuen Nationalismus und Militarismus werden. Offenbar verwechseln die Agitatoren Friedrich den Großen mit Wilhelm II. Sie würden wohl auch Shakespeare mit Karl May über einen Leisten schlagen.

Das alte Preußen mit den großen Einwanderungsschüben war kein Nationalstaat, sondern ein Vernunftsstaat. Man könnte sehr dankbar sein, wenn ein wenig von dem Geist jener Zeit unter dem Schutt der Berliner Bauskandale wieder hervorkäme: »... sich bewusst zu sein, dass man nicht für sich allein auf der Welt ist, sondern zum Wohl der Gesellschaft beizutragen hat.«

Der kategorische Imperativ
[1999]

Mein Auftrag lautet, etwas über Helmut Schmidt und den kategorischen Imperativ von Immanuel Kant zu sagen, nicht länger als fünf Minuten und mit dem Zusatz, es solle nach Möglichkeit unterhaltsam und witzig sein. Dieser Zusatz hat mich ratlos gemacht: Ich kann trotz intensiven Nachdenkens und Blätterns keinen Witz von oder über Kant entdecken.

Vielleicht, dachte ich, kann ich etwas in den Aphorismen von klugen Leuten finden, also suchte ich weiter. Bei Lichtenberg: nichts, bei einem Professor, der »Kant für Kinder« aufbereitet hat: nichts. Bei Karl Krauss allerlei amüsante Aperçus, beispielsweise steht da: »Das Geheimnis des Agitators ist es, sich so dumm zu machen, wie seine Zuhörer sind, damit diese glauben, sie seien so gescheit wie er« – oder »Vervielfältigung ist insofern ein Fortschritt, als sie die Verbreitung des Einfältigen ermöglicht.« Aber nichts über den kategorischen Imperativ.

Nun versuchte ich, mich an Aussprüche von Helmut Schmidt im Kreis der Redaktion zu erinnern. Im Gedächtnis war mir: »Journalisten und Politiker reichen vom Verbrecher bis zum Genie.« Er rät, beiden Kategorien zu misstrauen, denn die einen schreiben, die anderen reden über Dinge, die sie manchmal erst übermorgen verstehen werden.

Also wieder nichts für meinen kategorischen Imperativ. Und auch nicht in einem anderen Schmidtschen Ausspruch, der mir einfällt: »Ich muss meine Vorurteile schützen, wo bleibt sonst der Charakter.«

Ich beschloss aufgrund dieser vergeblichen Versuche, die Forderung nach Witz beiseite zu lassen und mich an das zu erinnern, was Helmut Schmidt ernsthaft zum kategorischen Imperativ gesagt hat. Er sagte: »Obgleich man bei Kant keine

Anweisungen für praktische Politik erhält, habe ich bei ihm Orientierung für politisches Handeln gefunden.« Er sei fasziniert worden durch die Unbedingtheit des idealistischen Prinzips, das – nicht durch Eigennutz oder Opportunismus pervertiert – ohne Schwärmerei ganz nüchtern postuliert wird.

Um uns den kategorischen Imperativ noch einmal ins Gedächtnis zu rufen, er lautet: »handele nur nach derjenigen Maxime, durch die du zugleich wollen kannst, dass sie ein allgemeines Gesetz bleibe.«

Auf dem Kant-Kongress der Friedrich-Ebert-Stiftung im März 1981 hat Schmidt die drei für ihn besonders wichtigen Prinzipien Kants formuliert:

»Zum einen der Standpunkt einer Menschheitsethik, die von den fundamentalen Freiheiten *aller* Menschen ausgeht; zum anderen die Pflicht zum Frieden und zur Völkergemeinschaft als eine zentrale, moralische und nicht nur als eine politische Norm; drittens aber vor allem die enge Verbindung zwischen dem Prinzip der sittlichen Pflicht und dem Prinzip der Vernunft, oder, wie man heute sagen mag, der kritischen Ratio.«

Es ist das Ethos der Pflicht, das Helmut Schmidt sein Leben lang bestimmt hat – bis heute, wo er dafür eintritt, den verbindlichen Katalog von Rechten, wie sie in der Verfassung stehen, durch eine Normierung der Pflichten zu ergänzen. Seine an Kant orientierte Grundüberzeugung lautet, wie er selber sagt: »Politik ist pragmatisches Handeln zu sittlichen Zwecken.« ... pragmatisches Handeln zu sittlichen Zwecken, das ist eine klare Devise.

Ein Skeptiker – der Moral und Ethik in der Politik für eine Illusion hält – fragte ihn einmal, ob er, Helmut Schmidt, bei irgendeiner konkreten politischen Entscheidung Kant im Hinterkopf gehabt hätte; Antwort des Gefragten: »Ja, absolut, vor allem in Krisensituationen. Zum Beispiel bei der Entführung von Hans-Martin Schleyer und der Lufthansa-

Maschine, auch in kritischen Situationen der Außen- und der Sicherheitspolitik.

Resümee: Wenn mehr Politiker sich von der Devise leiten ließen, Politik ist pragmatisches Handeln zu sittlichen Zwecken – die Welt sähe anders aus.

**DAS FLEISCH IST MÄCHTIG,
DER GEIST IST SCHWACH**

Des deutschen Michels Schlaf
Sind wir vorbereitet auf die Dinge, die kommen?
[1961]

Mit einem Unterton von Zweifel fragte kürzlich ein Amerikaner: »Nehmen die Deutschen in der Bundesrepublik wirklich Anteil an dem Schicksal der Berliner?« Was für eine Frage!
»Wieso meinen Sie ...«
»Nun, ich erlebte kürzlich, dass in einer großen Stadt Bayerns drei Wochen lang um Ferienplätze für Berliner Kinder geworben wurde. Erfolg: ein Platz! Meine Schlussfolgerung: Mit der Liebe zu den Brüdern kann es dann wohl nicht sehr weit her sein. Und die Flüchtlinge«, fuhr er fort, »wer außer den offiziellen Stellen kümmert sich schon um sie, ja wer beschäftigt sich auch nur in Gedanken mit ihrem Schicksal?«
Leider hat dieser kritische Beobachter Recht. Bei uns werden die Probleme von den Behörden erledigt. Der Bürger kümmert sich nur um sein eigenes Schicksal und Wohlergehen. Und die offiziellen Stellen, die Behörden, die Regierung tun alles, um den Bundesbürger ja nicht aus seinem geruhsamen Traumparadies aufzuschrecken. Wer nicht für Atomwaffen in deutscher Hand ist, wird zum Vaterlandsverräter gestempelt – aber Luftschutzbunker werden nicht gebaut, denn das würde die Wähler beunruhigen.
Die Opposition ist keineswegs besser. Sie ist kein Korrektiv, sondern auch nur ein Lautverstärker: Genau wie die Regierung erschöpft sie ihre Tätigkeit darin, im Publikum Antennen aufzustellen und das, was ihr da an Wünschen und Hoffnungen zugetragen wird, als ihr Programm per Lautsprecher wieder auszustrahlen. Die eigentlichen Regenten dieses Landes sind heute die demoskopischen Institute – wenn sie warnen, dann zittern die scheinbar so mächtigen

Parteivorstände. Und die Gewerkschaften, die größte geschlossene Macht außerhalb des Parteiensystems, sind auch nicht anders. Walter Dirks beklagt in dem Beitrag, den wir in dieser Ausgabe veröffentlichen, dass sie keinerlei Ehrgeiz haben, die Zukunft sozialpolitisch zu gestalten, sondern dass es ihnen ausschließlich darum geht, die Gegenwart zu zementieren.

Niemand sage, das sei eben so in der Demokratie. Weder in England, noch in der Schweiz, noch in den USA ist das so. Einen so kläglichen Gebrauch von der Demokratie machen nur wir. Auch in der Demokratie, nein, gerade in der Demokratie ist es die Aufgabe des Staatsmannes, den Bürger zu erziehen.

In den USA hat Präsident Kennedy vorige Woche in seiner großen Rede zur Lage in Berlin nach dem Mauerbau gesagt: »Ich bin mir der Tatsache wohl bewusst, dass viele amerikanische Familien die Last dieser Anforderungen tragen müssen. Für manche wird Studium und Karriere unterbrochen werden, man wird Ehemänner und Söhne abberufen, und die Einkommen werden in einigen Fällen weniger werden. Aber dies sind Lasten, die getragen werden müssen, wenn die Freiheit verteidigt werden soll...«

Man kann sich nicht erinnern, ähnliche Worte in der Bundesrepublik gehört zu haben, obgleich die Berlin-Frage doch in erster Linie uns angeht. Das Bonner Echo auf jene Rede John F. Kennedys war Dank an die Amerikaner für ihre Festigkeit und das erleichterte Gefühl, wenn »die« ordentlich auftrumpfen, dann sind wir aller Sorgen enthoben, dann wird schon nichts passieren. So als habe die Fiktion, es genüge, stark und entschlossen zu sein, um alle Veränderungen zu verhindern, nicht längst ihren fiktiven Charakter enthüllt; als wisse man noch immer nicht, dass die militärischen Maßnahmen des Westens nur die notwendige Begleitmusik für die kommenden politischen Verhandlungen sind.

Die Amerikaner, das ist ganz deutlich, richten sich auf Verhandlungen ein. Mit den Vorbereitungen ist in diesen Tagen in Paris schon begonnen worden. Und die Russen desgleichen, denn wenn sie wirklich die Absicht hätten, es auf eine militärische Kraftprobe ankommen zu lassen, dann hätten sie dies ganz sicherlich nicht sechs Monate vorher angekündigt. Worum es bei den Verhandlungen gehen wird, ist auch ganz klar, nämlich um:
– die Bestätigung der Oder-Neiße-Grenze,
– die Anerkennung der DDR,
– den Status von Berlin,
– den Verzicht auf nukleare Bewaffnung Deutschlands.

Vielleicht auch noch um einiges andere. Aber dies werden die Hauptpunkte sein, und niemand kann heute sagen, wie viele Konzessionen in jedem dieser Punkte gemacht werden müssen. Aber soviel ist sicher: Für viele wird es ein unsanftes Erwachen geben.

Man ist bei uns im Allgemeinen schnell zur Hand mit dem Argument, über diese Dinge dürfe nicht gesprochen werden, jede öffentliche Diskussion, jedes laute Nachdenken schwäche unsere Position. Und das ist bis zu einem gewissen Grade auch richtig – aber doch nur im Hinblick auf die Regierung. Es wäre traurig, wenn Abgeordnete und politische Kommentatoren ebenfalls schweigen müssten, denn das würde ja bedeuten, dass das Volk verdummt und seine Beteiligung nicht gewünscht wird. Wenn wir aber glauben, nur so den Kalten Krieg durchstehen zu können, dann wär's doch besser, auf Nummer Sicher zu gehen und sich gleich der Diktatur zu verschreiben.

Es ist traurig: Während die großen Schicksalsfragen unserer Geschichte entschieden werden, schläft das Volk wie einst die Jünger in Gethsemane. Damals, so wird uns überliefert, hieß es: Der Geist ist willig, aber das Fleisch ist schwach. Heute freilich müsste es heißen: Das Fleisch ist mächtig, aber der Geist ist schwach.

Sind wir wirklich unter den Trümmern des zusammenbrechenden Reiches übrig geblieben, um jetzt Bilanzen zu lesen und uns in einem Stück unserer Heimat – kann man das wirklich Heimat nennen? – häuslich einzurichten mit Stilmöbeln, Gartenzwergen und Volkswagen?

Sind wir wirklich ein so total geschichtsloses Volk geworden, dass keine Vision uns mehr aufzuschrecken vermag, auch nicht das Bild der verlorenen Ostgebiete und eines in zwei deutsche Staaten geteilten Landes? Zwei Staaten, die so wenig mehr miteinander zu tun haben, wie Holland und Belgien, die auch einst eine Einheit waren? Wir, ein Volk, zu dem die Geschichte so deutlich gesprochen hat!

Da haben die Deutschen in der Mitte Europas stellvertretend für die ganze Generation ein Stück aufgeführt, in dem Urheidentum sich mit moderner Wissenschaft und Technik zu einer schaurigen Verbindung paarten. Da stellten sie ein Bild des Menschen auf die Bühne, das den zuschauenden Völkern kalte Schauer über den Rücken hinunterjagte. Und als dann die Akteure selbst vom Hagel der Bomben zugedeckt wurden und in Strömen von Blut ertranken, als die Stille des Todes sich schließlich über Deutschland legte, da brachen die Sowjets von Osten herein und stillten ihre Gier und rafften an sich, was sie erreichen konnten.

Und die Nation wurde in zwei Teile geteilt, und der eine Teil wurde von den Siegern geknechtet und versklavt. Und der andere Teil, dem gaben die Sieger die Devise auf den Weg: Freie Bahn dem Tüchtigen. Und die Tüchtigen gelangten sehr weit auf ihrem Wege: Die Bankkonten schwollen an, die Konzentration in der Wirtschaft nahm zu, das Gesetz der großen Zahl beherrscht alles. Jedes Jahr wurden die Zahlen vom Vorjahr überboten: Die Wachstumsraten verdoppelten sich, die Zahl der Auslandsreisen verdreifachte sich, die Summe der Bücher auf der Frankfurter Messe vervierfachte sich, der Bierkonsum auf dem Oktoberfest verfünffachte sich ...

Deutsche Geschichte der letzten 25 Jahre – niemand mehr denkt an sie. Und jetzt, was kommt jetzt? Wie viele Leute gibt es im Lande, die diese Frage am Schlafen hindert? Ach, sie alle schlafen vorzüglich!

25 Jahre nach Hitler
Wie dieser Staat entstand, was aus ihm wurde und welche Zukunft ihm vorgezeichnet ist
[1970]

Bundeskanzler Brandt wird am 8. Mai mit einer Erklärung vor dem Parlament jenes Tages vor 25 Jahren gedenken, an dem das Hitler-Reich kapitulierte. Mit den Feststellungen »Niederlagen feiert man nicht« und »Schande und Schuld verdienen keine Würdigung« haben CDU und CSU diesen Plan heftig bekämpft – als ginge es um Feiern oder Würdigung.

Wer damals mit Millionen vertriebener Deutscher, von Jagdbombern gejagt, ziellos über die Landstraßen des zusammenbrechenden Reiches irrte oder wer wie die Landser im Osten, Westen, Norden oder Süden von den unaufhaltsam vordringenden alliierten Armeen überwältigt und herdenweise zusammengetrieben wurde, der weiß, dass damals niemandem nach Feiern zumute war; auch wenn an jenem 8. Mai die Mehrzahl der Bevölkerung einen Seufzer der Erleichterung ausstieß: »Endlich ist es vorbei.«

Vorbei war das sinnlose Sterben, die nächtelangen Ängste in stickigen Bunkern, das ohnmächtige Miterlebenmüssen der Verbrechen eines immer bedenkenloser werdenden Regimes – Verbrechen, deren ganzes Ausmaß erst nach und nach bekannt wurde. Nicht vorbei allerdings waren Hunger, Arbeitslosigkeit, Ungewissheit und der Schmerz über die verlorene Heimat. Kein Anlass also zum Feiern, weder damals noch heute, aber doch ein Grund, heute einmal innezuhalten und den Weg zu überdenken, den wir seither zurückgelegt haben, einen Weg, der anders verlaufen ist, als man es sich am 8. Mai 1945 vorgestellt hatte.

Was eigentlich hatte man sich damals vorgestellt? Zunächst ganz gewiss, dass nun ein ganz neues, ganz anderes Leben beginnen werde und beginnen müsse. Niemand von uns hätte es für möglich gehalten, dass, nachdem die alte Welt in Stücke gegangen, jahrgangsweise die Jugend Europas auf den Schlachtfeldern verblutet war und sechs Millionen Juden fabrikmäßig umgebracht worden sind, dass nach all diesem Geschehen die Normalisierung des Lebens da wieder anknüpfen werde, wo sie 1933 abgerissen war, mit einem Wort, dass alles so weitergehen werde wie eh und je.

Natürlich hatte man sich vorgestellt, durch diese apokalyptische Zeit sei der Krieg nun wirklich ein für alle Mal ad absurdum geführt worden. Allem Geistigen, so meinte man, werde jetzt im Dasein des Einzelnen und auch im Bereich des Staates viel mehr Raum gegeben werden. Diskussionen ohne Ende begannen damals, ausländische Zeitschriften und Bücher wurden verschlungen, wichtige Manuskripte abgeschrieben und weitergereicht.

Es ist dann doch ganz anders gekommen. Aber ich denke, man sollte das, was da neu entstanden ist, diese erst bewunderte, dann geschmähte Leistungsgesellschaft, nicht mit abschätziger Miene als konsumbestimmt und wohlstandsorientiert abwerten. Wer erlebt hat, welche Ideologien in den Hirnen unterernährter Massen und ihrer von Hass und Neid erfüllten Führer gediehen, der ist ganz froh, mitzuerleben, wie mit dem Wohlstand Toleranz und pragmatisches Denken eingezogen sind. Offenbar vermag nur, wer der ärgsten Sorgen ledig ist, mit Maß und Besonnenheit zu reagieren. Und schließlich: Noch nie zuvor haben Deutsche die Möglichkeit gehabt, auf so freiheitliche, so menschliche Weise in ihrem Staat zu leben. Und das ist viel.

Zurück zur Bescheidenheit
Die Energiekrise erzwingt einen neuen Lebensstil
[1973]

Der zweite autolose Sonntag liegt hinter uns. So weit man einen Überblick gewinnen kann, scheint es, dass der uns von den Arabern verordnete Einbruch unerwarteter Ruhe – diese Zäsur abenteuerlich anmutender Stille und Beschaulichkeit – in dem hektischen Ablauf des normalen Wochenrhythmus von den meisten Betroffenen gar nicht als sonderlich unangenehm empfunden wird. Eher so, als wäre ein Amokläufer plötzlich angehalten und zur Besinnung gebracht worden.

Als sich die erste Kunde von den bevorstehenden Beschränkungen verbreitete, war die Reaktion vieler Menschen: Es konnte ja so auch gar nicht weitergehen. Und: Vielleicht wird sich jetzt einiges ändern. Was konnte nicht weitergehen? Was soll sich ändern?

Eines hat sich bereits verändert, mindestens bei einer intellektuellen Avantgarde: die Einstellung zum technischen Fortschritt. An die Stelle der Erwartung, es werde immer so weitergehen mit der himmelstürmenden Entwicklung, die fast ein Jahrhundert lang das Leben der Menschen fortlaufend bequemer und angenehmer gestaltet hat, ist der Zweifel getreten und frisst sich langsam hinein in den Fortschrittsglauben der Bürger.

Es begann etwa 1960, als in Amerika das Projekt eines zivilen Überschallflugzeuges diskutiert wurde. Damals entzündete sich eine Protestkampagne an diesem Vorhaben, weil zum ersten Mal auch für den Laien augenfällig wurde, dass der Fortschritt zwar bestehende Probleme löst, aber gleichzeitig neue schafft, deren Kosten dann gewöhnlich die Gesellschaft belasten und nicht den, der den individuellen Profit davon hat. In diesem Fall: dass das Überschallflugzeug die

Distanz zwischen Amerika und Europa in zweieinhalb Stunden bewältigt, aber dabei fünfzigmal mehr Lärm verursacht als ein normaler Jet. Jahrelang zog sich der Streit zwischen den beiden Interessentengruppen – der Industrie und den Umweltschützern – hin. Im Jahre 1966 wurde gefordert, dass ein *technology assessment* jeweils die sozialen und ökologischen Folgen von technischen Neuerungen im Vorhinein prüft; 1972 ist eine solche Stelle endlich vom Kongress bewilligt worden.

Diese Etappen von 1960 bis heute markieren einen Erkenntnisprozess, der immer weitere Sachgebiete und immer neue gesellschaftliche Gruppen einbezieht. Er beschränkt sich nicht auf die Akademiker; und er macht auch nicht Halt vor dem Auto, dem Fetisch der Industriegesellschaft. Als das Automobil einst erfunden wurde, dachte niemand daran, dass es außer Nutzen auch ansehnlichen Schaden stiften würde. Wenn es gerecht zuginge, müsste eigentlich der Käufer eines neuen Autos den Preis für seine Verschrottung gleich mitbezahlen.

Nichts gegen den Fortschritt. Und es ist ein Fortschritt, dass die Bevölkerungszahl nicht mehr von Seuchen, Armut und Kindersterblichkeit bestimmt wird, dass die Menschen nicht mehr durch schwere, gesundheitsschädigende Arbeit frühzeitig zermürbt werden, dass dank der Massenproduktion Güter heute Allgemeingut sind, die gestern nur den Reichen zugänglich waren. Aber wir haben mittlerweile auch einsehen müssen, dass wir die gigantischen Kräfte, die der Fortschritt entfesselt, nicht mehr in der Gewalt haben, dass von einer bestimmten Progression an Fortschritt häufig in Zerstörung umschlägt.

Das faszinierte Starren auf die Wachstumsraten hat uns für vieles andere blind gemacht. Wenn ausschließlich die ökonomischen Wertvorstellungen des Marktes für die Entscheidung, was und wie produziert werden soll, maßgebend sind, dann fallen natürlich alle außerkommerziellen Gesichtspunkte unter den Tisch. Darum konnten die Schäden, die die Industrie anrichtet – verpestete Luft, vergiftete Gewässer, hässliche Schutthalden –, Jahrzehnte hindurch unbemerkt anwachsen; darum beginnt man erst jetzt, den Vorwurf der Entfremdung des Menschen von seiner Arbeit – beispielsweise am Fließband – ernst zu nehmen.

Unsere Zeit hat sich ganz auf konkrete Probleme konzentriert, auf die Beherrschung der Natur, die Frage, wie man den größtmöglichen Nutzen bei möglichst geringem Aufwand erreicht. Die Antwort, das Erreichte kann sich sehen lassen. Der Wohlstand einer früher unvorstellbar großen Zahl von Bürgern hat einen früher ebenfalls unvorstellbaren Grad erreicht: Eigentumswohnung oder Häuschen, Auto, Reisen in alle Welt erscheinen heute einer breiten Schicht als selbstverständlich. Aber jeder Gott verlangt Opfer. Auch dem Gott Wohlstand wurde viel geopfert: geistige Werte, kreative Befriedigung, menschliche Wärme und Anteilnahme.

Heute beginnen die Menschen neue Fragen zu stellen. Es scheint, dass die Bewohner der nördlichen Region unserer Welt anfangen, sich in der von ihnen errichteten Industriegesellschaft zu langweilen. Sie ist ihnen zu utilitaristisch und aseptisch, zu automatisch und funktional. Viele empfinden sie nicht als inhuman, aber als ahuman. Also beginnt man wieder, nach dem Sinn des Lebens zu fragen, richtet sich das Interesse nicht mehr nur allein auf den wirtschaftlichen Erfolg, sondern auch auf die ökologischen und sozialen Folgen, die ihn begleiten.

Man möchte selber steuern, mitbestimmen, nicht mehr nur gezogen, gedrängt, gestoßen werden – von der Maschine, vom Markt, von irgendeinem Automatismus. Man will nicht mehr wie ein Eichhörnchen unablässig das Rad im Käfig drehen, sondern Zeit zum Nachdenken haben, sich sammeln und besinnen. Selbstverwirklichung und Kreativität sind

Begriffe, die man immer öfter hört, vor allem von den Jungen; und auch in der gegenwärtigen Nostalgiewelle steckt ja ein Stück Sehnsucht nach einem freieren Dasein.

Jahrelang haben sich diejenigen, die da meinen: »Es kann doch nicht immer so weitergehen«, gefragt, welche Faktoren sich ändern müssten, damit die ausschließliche Konzentration auf Wohlstand und Konsum, auf Erzeugung häufig künstlicher materieller Bedürfnisse und deren gewinnversprechende Befriedigung durchbrochen wird. Jetzt zeichnet sich nicht nur die Möglichkeit, sondern wohl auch die Notwendigkeit dazu ab. Jetzt nämlich treffen zwei Dinge zusammen: eine allmählich um sich greifende Bewusstseinsänderung vieler Menschen und die plötzlich eingetretene, vermutlich langfristige Knappheit an Energie – als die Kumulation von subjektiven und objektiven Faktoren.

Die ersten, die sich systematisch mit den Fragen von Versorgung und Knappheit beschäftigten, waren die Mitglieder des »Club of Rome«, die Mitte der sechziger Jahre anfingen, darüber nachzudenken, wohin die derzeitige Dynamik des »unbegrenzten Wachstums« führt. Die Studie, die sie beim MIT in Auftrag gaben und die zum ersten Mal ein globales Panorama des gegenwärtigen Zustands von Industrialisierung, Rohstoffabbau, Bevölkerungszuwachs und Nahrungsproduktion gibt, ist 1971 veröffentlicht worden. Sie kam zu dem Ergebnis, dass, wenn alles so weiterläuft, wenn also kein entscheidender Wandel eintritt, die Rohstoffvorräte der Welt in wenigen Generationen verbraucht sein werden.

Gegen diese Untersuchung lässt sich manches einwenden und ist viel eingewandt worden, aber eines lässt sich nicht bestreiten: Sie hat zum Nachdenken angeregt, hat eine Lawine losgetreten. Man muss in der Tat unsere Zielvorstellungen neu überdenken. Vielleicht ist ein wohl überlegtes Gleichgewicht, ein Wachstum von zwei oder drei Prozent, auf die Dauer weit zuträglicher als die vorangegangenen Rekordleistungen, denen zahlreiche Minusposten (einschließlich wachsender Inflationsraten) gegenüberstehen. Überdies ist bisher nie zwischen nützlichem und sinnlosem Wachstum unterschieden worden.

Wir können aus der hochgetriebenen Industriegesellschaft gewiss nicht mehr umsteigen ins »einfache Leben«, aber ein neuer Lebensstil ist absolut notwendig. Seine wesentlichen Charakteristika müssen Selbstbeschränkung und Konsumdisziplin sein: mehr öffentliche Verkehrsmittel, kleinere Autos, dauerhaftere Häuser, weniger Verpackung und Wegwerfprodukte. Die Erwartungswerte im individuellen wie im Leben der Gesellschaft sollten nicht künstlich hochgepeitscht werden. Wenn es jetzt Mode würde, sich zu bescheiden, sich nicht imponieren zu lassen von Leuten, die mehr verbrauchen können und stärker auf die Konsumpauke hauen, würden wir ein Stück zusätzlicher Freiheit gewinnen.

Wir stehen an einem überaus wichtigen Scheideweg. Entweder wir versuchen bloß, alle Mangelerscheinungen so schnell wie möglich zu überwinden, um dann weiterzumachen wie bisher – oder wir nutzen die Gelegenheit, längst fällige Korrekturen vorzunehmen, auch wenn dabei zunächst Schwierigkeiten auftreten. Nur wenn wir nicht auf den viel gepriesenen Selbstheilungsprozess vertrauen, sondern genug Phantasie und vor allem Mut haben, um die Entwicklung normativ zu steuern, werden wir die freie Wirtschaft retten können.

»Der Punk steckt im Kopf«
Drei wilde Gestalten zu Besuch in der ZEIT-Redaktion
[1994]

MARION GRÄFIN DÖNHOFF: Warum trifft man sich, um eine Stadt in »Schutt und Asche« zu legen, wie Sie das offenbar Anfang des Monats in Hannover vorhatten?

TIMO: Ich habe kein Flugblatt gesehen, wo das draufstand.

OLE: Das ist doch so: Jeder, der Lust hat, schreibt irgendein Flugblatt.

BJÖRN: Was in Hannover abgegangen ist, war, dass so zehn Leute – die würde ich nicht einmal als Punks bezeichnen, das waren irgendwelche Idioten – halt ein bisschen Stress gemacht haben. Und dann kam ein massiges Polizeiaufgebot und hat uns gleich rausgedrängt aus der Innenstadt oder die meisten Leute verhaftet. Die Bullen sind nicht damit klargekommen, dass ein paar Leute sich gemütlich zusammensetzen und einen trinken.

DÖNHOFF: Aber es ist doch eine ganze Menge zu Bruch gegangen.

BJÖRN: Das wurde absolut hochgepuscht von der Presse, das Ganze. Der NDR hat nach ein paar Tagen eine Bestandsaufnahme gemacht und gesagt: Der Sachschaden liegt weit unter 50 000 Mark. Das ist unfassbar, was die einem da jetzt reininterpretieren wollen. Da hat zum Beispiel irgendein Soziologe in den »Tagesthemen« Flugblätter zitiert, die wir aus Verarschung geschrieben haben. Da stand drauf: »Tagesprogramm vom Chaos-Tag: Wir helfen Rentnern über die Straße.« Und der hat da reininterpretiert, das wäre Hooligan- und Punker-Sprache und die Punks wären nur drauf aus, alte Leute vors Auto zu stoßen.

JOCHEN BUCHSTEINER: Warum haben Sie sich denn nun in Hannover getroffen?

OLE: Um die Innenstadt aufzumischen.

BUCHSTEINER: Was heißt das: aufmischen?

BJÖRN: Na ja, aufmischen, ein bisschen für Chaos sorgen. Es reicht ja schon, dass wir anwesend sind, dann bricht das allgemeine Chaos aus – nicht auf unserer Seite, sondern auf der anderen Seite. Das hat aber nicht irgendwas mit Gewalt zu tun.

TIMO: Das Ziel der Chaos-Tage ist eigentlich: Leute aus anderen Städten treffen und zusammen Spaß haben, zusammen einen trinken.

BUCHSTEINER: Der Spaß definiert sich wie: durch Trinken und Musikhören?

OLE: Trinken und Musikhören und Zusammensitzen. Und dieses ganze Konsumleben in der Innenstadt ein bisschen durcheinander bringen. Ist dann halt alles nicht so stumpf wie sonst und ein bisschen lustig.

DÖNHOFF: Zwei von Ihnen sind arbeitslos. Haben Sie Hoffnung, einen Job zu kriegen, oder haben Sie sich mit Ihrer Situation abgefunden?

BJÖRN: Also, das Ding ist bei mir: Ich hab' keine Lust, mein Äußeres zu verändern für einen Job. Und so nimmt mich ja keiner.

DÖNHOFF: Was ist Ursache, und was ist Wirkung? Wollen Sie keinen Job und machen sich deswegen so zurecht?

BJÖRN: Nee, ich lauf' ja schon seit 1982 so rum, und da bin ich noch zur Schule gegangen.

DÖNHOFF: Macht Ihnen denn die Arbeitslosigkeit nicht zu schaffen?

BJÖRN: Arbeitslos sein hat nicht unbedingt was zu tun mit nichts machen. Wir machen zum Beispiel sehr viel: hauptsächlich durch Punk, also mit unseren Zeitungen, wo wir mit irgendwelchen Bands Interviews machen oder Leute ihre Meinung schreiben. Ich habe den ganzen Tag was zu tun.

TIMO: Wir arbeiten auch in 'ner Kneipe und machen Volksküche, wo man für 2,50 Mark sich satt essen kann.

BUCHSTEINER: Für Obdachlose?

TIMO: Nee, für alle Menschen, die Lust haben.

DÖNHOFF: Aber man muss doch sein Geld verdienen.

TIMO: Ja, aber solange wie ich Arbeitslosengeld erhalte, kann ich mich in Sachen Arbeit in der Szene besser verwirklichen. Es geht halt darum, auch viele Benefiz-Sachen zu spielen. Da ist viel politischer Background bei allem, was ich tue. Ich verfolge auch ein gewisses Ziel, wenn ich für Menschen koche, möglichst günstig. Ich krieg' da gar nichts für.

DÖNHOFF: Mir kommen eigentlich zwei Fragen, wenn ich Ihnen zuhöre. Die eine ist, wenn Arbeitslosigkeit so angenehm ist ...

BJÖRN: Nö, das nicht.

TIMO: Ich werde auf jeden Fall irgendwann mal arbeiten. Ich bin noch relativ jung, ich möchte es nicht auf ein Jahr ankommen lassen. Wenn ich jetzt noch was erleben will – mit dreißig Tagen Urlaub später kann ich das nicht. Nicht, dass ich die Arbeitslosigkeit unbedingt genieße. Aber jetzt ist wichtig, wenn ich aufstehe, dass ich einen guten Tag verbringe, und was morgen ist, ist relativ egal. Wenn man Aushilfsjobs macht und irgendwo am Fließband steht, stellt man sich geistig ab, das kann ich mir nicht antun.

DÖNHOFF: Aber es gibt doch auch viele Arbeiten, die einem

Spaß machen. Also, meine Arbeit macht mir ungeheuren Spaß.

BJÖRN: Aber was würden Sie denn sagen, wenn ich hinkommen würde, mich hier so vorstellen würde und sage: Ich möchte bei Ihnen anfangen. Würden Sie mich nehmen, so wie ich aussehe?

DÖNHOFF: Nein, das würde ich nicht.

BJÖRN: Und ich habe keine Lust, mich deswegen anders anzuziehen, weil das mein eigenes, persönliches Ding ist.

DÖNHOFF: Das habe ich noch nicht ganz verstanden. Offensichtlich ist Ihnen so zu erscheinen wichtiger als alles andere: als Beruf oder eine interessante Tätigkeit. Vielleicht würde es Sie sogar amüsieren, bei der *ZEIT* mitzuarbeiten.

BJÖRN: Aber mein Aussehen, das ist einfach meine Persönlichkeit. Wenn sich da irgendwer auf den Schlips getreten fühlt, wenn ich so auflaufe, dann ist das nicht mein Problem.

DÖNHOFF: Na ja, es wird natürlich Ihr Problem, denn es gibt vielleicht eine ganze Menge Arbeitsplätze, wo Sie kolossal viel leisten könnten und es Spaß machen würde.

BJÖRN: Vielleicht ist es ja in zehn Jahren normal, so rumzulaufen wie ich. Dann kriegen die anderen Leute keine Jobs.

DÖNHOFF: Könnte sein. Aber ich finde das wirklich nicht das Wichtigste von allem. Ich würde lieber noch verstehen: Was ist die Ideologie oder die Vorstellung, aus der das Ganze wächst?

TIMO: Wirklich schwer zu beantworten, weil, dazu ist es wieder zu individuell.

BUCHSTEINER: Es wird doch ein Bindeglied geben zwischen allen Punks.

TIMO: In erster Linie geht es um ein selbstbestimmtes Leben. Was sich da jeder rauszieht, ist was anderes. Jeder unterliegt anderer Beeinflussung. Jeder wächst anders in die Szene rein. Es gibt Leute, die sich sehr stark politisch engagieren. Für andere Leute ist Spaß das Wichtigste.

OLE: Für mich ist es auch noch das Gefühl, nicht zur Gesellschaft dazuzugehören, nicht dazugehören zu können und nicht zu wollen.

BUCHSTEINER: Warum eigentlich nicht? Was stört Sie so an der Gesellschaft?

TIMO: O Gott, da kann ich ja weit ausholen. Hier sind doch alle nur am Abbezahlen ihrer Kredite und erarbeiten sich irgendwelche Statussymbole. Keine Nähe untereinander. Mit Menschlichkeit oder Selbstverwirklichung läuft hier nicht viel. Der normale Weg ist: Elternhaus, Kindergarten, Schule, dann studieren oder gleich einen Job lernen. Ich möchte nicht einen Job haben, nur damit ich dem Arbeitsmarkt zur Verfügung stehe und die Kohle ranschaffe, die ich zum Leben brauche, aber nach fünf Jahren unglücklich bin. Und ich das vierzig Jahre oder fünfzig Jahre tue, dann ins Rentenalter komme. Ich hätte nicht viel vom Leben.

BJÖRN: Man versucht, die Planung abzuschaffen und zu sagen: Ja, ich lebe im Hier und Jetzt. Und jetzt habe ich meinen Spaß.

BUCHSTEINER: Wenn Sie nach Hannover eingeordnet werden in das Spektrum gewaltbereiter Jugendgruppen – die Punks als Skins von links –, dann fühlen Sie sich ungerecht behandelt?

OLE: Ja, wir gehen ja nicht auf irgendwelche Campingurlauber los. Oder, was da jetzt in der Zeitung stand, irgendwelche Passanten anpöbeln oder angreifen. Das ist völliger Blödsinn.

Schwarze Schafe, wie man so schön sagt, gibt es natürlich überall. Aber man kann uns nicht über einen Kamm scheren, weil es die nötigen Führer gar nicht gibt. Natürlich gibt es Punks, die nur saufen wollen und rumgrölen. Das ist ja auch in Ordnung, aber es gibt auch manche, die sich ziemlich idiotisch dabei benehmen.

BUCHSTEINER: Normale Bürger stören Sie nicht?

TIMO: Der normale Bürger ist mir total egal. Er kann ohne mich leben und ich ohne ihn. Ich urteile nicht jeden gleich ab, nur weil er einen Anzug anhat. Das kann ich auch nicht, wenn ich selber so rumlaufe und akzeptiert werden möchte.

BUCHSTEINER: Stoßen Sie häufiger mit Rechtsextremisten zusammen?

TIMO: In Hannover nicht mehr. Mit einer relativ kontinuierlichen politischen Antifa-Arbeit hat man hier erreicht, dass diese Leute kaum noch Boden haben.

BJÖRN: Das war früher mal. 88, 89, da haben die Nazis immer in der Innenstadt Stress gemacht. Aber irgendwann haben wir uns gedacht: Lasst uns die Innenstadt zurückerobern, uns wieder an den Bahnhof setzen. Da haben die sich ganz schnell wieder verdrückt, da war die Gegenwehr zu massiv. Seitdem ist Ruhe.

DÖNHOFF: Was würde denn Ihre Gruppe sagen, wenn sie, sagen wir mal, in irgendeinem Vorort von Hannover die Möglichkeit bekäme, eine Kommunalverwaltung aufzubauen. Wie würden Sie das machen wollen?

TIMO: Kommunalverwaltung wäre nicht schlecht.

OLE: Das ist eine gute Frage. Ich laber' jetzt einfach mal so los, dann können wir uns ja korrigieren. Also, für mich wäre es wichtig, dass alle Leute mitreden können und die Freiheit haben, Sachen zu entscheiden, auch an den Arbeitsstellen. Dass es halt nicht so ist wie sonst immer: Da ist der Direktor, und da ist der Meister und der Vorarbeiter. Man könnte das vielleicht jetzt pauschal so als »politischen Anarchismus« oder »Syndikalismus« oder so was in der Richtung bezeichnen. Es wird ja auch schon versucht, das im kleinen Kreis durchzuziehen, zum Beispiel in besetzten Häusern. Und das vielleicht so aufs Große zu übertragen. Kein Klassensystem eben. Jeder macht, wozu er lustig ist, und kann sich verwirklichen.

DÖNHOFF: Sie reden immer von Selbstverwirklichung. Ich finde das schwierig. Ich habe noch nie daran gedacht, mich selbst zu verwirklichen, offen gestanden. Weil ich gar nicht wüsste, was ich selbst bin. Ich werde doch durch das Leben gebildet, durch das, was ich tun muss, und durch die Menschen, mit denen ich zusammen bin.

OLE: Wir ja auch, aber durch unser Leben, was halt möglichst weitab der Gesellschaft gelebt wird.

BUCHSTEINER: Wenn Sie jetzt zwanzig Jahre weiter denken, glauben Sie, Sie werden immer noch so dasitzen?

BJÖRN: Wenn ich irgendwann Lust habe, mich anders anzuziehen, dann ist das mein persönliches Ding, aber im Kopf bin ich dann noch immer Punk. Das geht nicht weg. Es gibt viele Leute, die sich als Punk bezeichnen, die laufen ziemlich normal rum, aber die sind trotzdem im Kopf Punk.

DEUTSCHE EINHEIT

Wer einigte Deutschland?
Weder Helmut Kohl war der Hauptakteur,
noch Michail Gorbatschow. Bericht über eine Begegnung
[1999]

Gerade hatte ich das vor 14 Tagen erschienene Buch von Michail Gorbatschow gelesen, da ergab sich die Gelegenheit, ihn selber in Münster wieder zu sehen und mehr über das Thema zu hören, wie sich die deutsche Wiedervereinigung, von Moskau aus gesehen, vollzog. Wichtig auch zu erfahren, wem sie denn nun eigentlich zu verdanken ist.

Gorbatschow schildert einleuchtend, wie die westlichen Alliierten nach 1945 die Aufteilung Deutschlands in mindestens fünf Teile anstrebten, weil sie Angst vor einem unberechenbaren vereinigten Deutschland hatten. Der Osten wünschte sich das Gegenteil. Er wollte, so sagt Gorbatschow, ein ungeteiltes Deutschland als Sicherheitsblock gegen den Westen. Auf die Frage, ob diese gegensätzlichen Friedensziele von Anfang an bestanden haben, lautet seine Antwort: »Ja, von Anfang an.« Für jedermann deutlich sei dies schließlich doch durch die Note von 1952 geworden, die die Wiedervereinigung allerdings eines neutralen, keiner Militärallianz zugehörenden Deutschlands vorschlug. Bonns Reaktion darauf war und blieb bis zu Willy Brandts Ostpolitik: »Das sind Täuschungsmanöver, Tricks, auf die wir nicht hereinfallen werden.«

Zu einer wirklichen Änderung kam es erst in den achtziger Jahren, erst, als Gorbatschows »Neues Denken« – also die Ausrichtung auf die neue Welt, die vor uns liegt – Eingang in die politische Diskussion fand. Erstmalig hatte er 1984 – also schon bevor er Generalsekretär wurde bei seinem Besuch in England davon gesprochen. Ein Jahr später sagte er dann in seiner Rede vor dem Plenum des Zentralkomitees der KPdSU:

»Jedes Volk hat das Recht, gemäß seiner eigenen Wahl über den Weg seiner sozioökonomischen Entwicklung selbst zu entscheiden und seine Entwicklung ohne Einmischung von außen zu gestalten.« Damals begann in der Sowjetunion die Entstalinisierung der Außenpolitik und die Demontage des Kalten Krieges. Viel Zeit war notwendig, auch Mut und Entschlossenheit, um die Vorstellungswelt der Eliten wie auch der Basis zu verändern, die sich in 70 Jahren verfestigt hatte. Allein Gorbatschows »Neues Denken«, das sich in den Reformprozessen der Perestrojka niederschlug, hat dies vermocht.

»Es war doch klar«, sagt er heute, »dass unter den Bedingungen der Konfrontation die Umgestaltung in unserem eigenen Land nicht möglich war.«

»Warum nicht die im eigenen Land?«, fragte ich. Antwort: »Solange der Kalte Krieg und mithin das Wettrüsten die Politik beherrschten, konnte Perestrojka nicht gewagt werden. Wir brauchten Offenheit der Welt gegenüber, um Teil an Europa zu haben und gut nachbarliche Beziehungen zu pflegen. Dies alles aber war nur möglich, wenn die deutsche Frage im Sinne der Wiederherstellung der Einheit gelöst würde. Im Zeichen des Kalten Krieges war dies nicht möglich.« Gorbatschow war außerdem der Meinung, dass die gewaltsame Spaltung einer großen Nation nicht von Dauer sein und dass ein ganzes Volk nicht für immer und ewig für frühere Verbrechen seiner Herrscher bestraft werden könne.

Hier also waren russische und deutsche Interessen miteinander verknüpft, und ebendies war die Voraussetzung für eine noch ferne Wiedervereinigung Deutschlands. Aber diese Entwicklung brauchte Zeit.

Ein alter Bekannter von mir, Wjatscheslaw Daschitschew, erzählte mir vor ein paar Monaten, dass er als Vorsitzender des Wissenschaftlichen Beirats des Außenministeriums im Juli 1987 vorgeschlagen hatte, über das Problem einer möglichen

Wiedervereinigung zu diskutieren. Die Reaktion, berichtete er, sei so negativ gewesen, dass sogar angeordnet wurde, alle Exemplare seines Referats zu vernichten, weil es so »ketzerisch« und gefährlich sei.

»Kohls Reaktion auf Perestrojka«, bemerkt Gorbatschow, »war höchst merkwürdig, ja taktlos (Vergleich mit Goebbels!). Darum beschlossen wir, ihm eine Lehre zu erteilen. Zwischen 1985 und 87 habe ich alle wichtigen Länder besucht und viele Staatsmänner eingeladen – nur Kohl nicht. Schließlich schickte der Kanzler, der mittlerweile besorgt war, Lothar Späth als Spezial-Boten. Späth sagte zu mir: Falls Ihre nächste Auslandsreise nicht nach Deutschland führt, wäre dies eine Katastrophe für uns. – Meine Antwort: Sie haben es also verstanden, das ist gut.« Gorbatschow hatte also einen weiten Weg vor sich, als er beschloss, mit seiner These »Neues Denken« die Realität zu gestalten.

Der entscheidende Schritt war, wie er in seinem neuen Buch schreibt, eine Unterredung mit Bundeskanzler Helmut Kohl unter vier Augen, die am 24. Oktober 1988 im Kreml stattfand. »Sie hat eine Wende in unseren Beziehungen herbeigeführt.«

Zitate nach den Aufzeichnungen des Dolmetschers:

Kohl: Ich messe meinem persönlichen Kontakt zu Ihnen eine außerordentliche Bedeutung bei. Ich bin nach Moskau als Bundeskanzler, aber auch als Bürger Helmut Kohl gekommen. Wir sind beide ungefähr gleichaltrig und gehören der Generation an, die den Krieg durchgemacht hat. Unsere Familien haben den Krieg mit allen seinen Gräueln miterlebt. ... Wir beide haben eine bedeutende Aufgabe zu lösen. In zwölf Jahren geht das 20. Jahrhundert und das zweite Jahrtausend zu Ende. Der Krieg – Gewaltanwendung überhaupt – ist kein Mittel der Politik mehr. Sollte man anderer Meinung sein, hieße das, den Weltuntergang heraufzubeschwören. ... Bei Ihnen im Lande ist die Perestrojka im Gange, es werden tief greifende Reformen in einer Situation beispielloser Offenheit und Transparenz durchgeführt. Für uns bietet dies eine Chance bei der Suche nach einem Weg zur qualitativen Erneuerung unserer Beziehungen. Unsere persönlichen Kontakte müssen unter den Bedingungen der Offenheit ebenfalls grundsätzlich neu gestaltet werden.

Gorbatschow: Die schwerste Periode in unseren Beziehungen liegt hinter uns. Und das schafft die Voraussetzungen dafür, sie auf ein neues Niveau zu heben. Die sowjetischen Menschen und, wie wir glauben, breite Schichten der Bevölkerung der Bundesrepublik sind dazu bereit und wollen das.

Jetzt ist es möglich geworden, all das Positive und Schöpferische zu nutzen, was im Laufe der Jahrhunderte durch die Kontakte zwischen beiden Völkern sowohl in materieller als auch in geistiger Hinsicht entstanden ist.

Wir alle stehen vor einer Superaufgabe: Wie sichern wir die weitere Existenz Europas? Wie schützen wir die Umwelt? Wie gehen wir vernünftig mit den Ergebnissen der wissenschaftlich-technischen Revolution und den Rohstoffreserven um? Wie bewahren wir die Traditionen der europäischen Kultur?

Wenn man sagt, die Wiedervereinigung sei eine offene Frage, und wenn man sie auf dem Niveau des politischen Denkens der vierziger, fünfziger Jahre lösen wollte, würde das nicht nur bei uns eine Reaktion hervorrufen, sondern auch bei Ihren Nachbarn im Westen. Einerseits werden die Realitäten anerkannt, andererseits wird die Vergangenheit ständig wieder belebt.

Die Gemeinsamkeit der Schicksale soll uns zum gemeinsamen Handeln für die Erhaltung des Friedens und für mehr Sicherheit anspornen. Wir müssen einander mehr vertrauen. Dazu sind zivilisierte Beziehungen nötig.

Kohl: Das war ein ehrliches, offenes Gespräch. Und das ist

für mich die Hauptsache. Es hat sich wirklich die Chance für einen Neubeginn ergeben.

Soweit das Zitat. Ich fragte nach: »Michail Sergejewitsch, Sie sprechen von einer Wende, die dieses Vieraugengespräch herbeigeführt hat. Mich würde interessieren: Waren es die Argumente, die dies ermöglichten, oder eher psychologische Momente, also ein gewisses Gefühl von Zuneigung?« Antwort: »Ganz entschieden Übereinstimmung der Argumente.«

Im Herbst 1989 wurde die deutsche Frage zufolge der Entwicklung in der DDR zum zentralen Problem der Weltpolitik. Gorbatschow schreibt in seinem Buch: »Ich möchte zunächst meine Grundposition zur Lösung der deutschen Frage darlegen, die mein ganzes weiteres Verhalten im Laufe der Wiedervereinigung bestimmte.« Und dann nennt er erstens moralische Gründe: Keine Nation darf auf ewig gespalten werden, und die Schuld für die Vergangenheit sollte nicht verewigt werden. Zweitens politische Gründe: Auf keinen Fall dürfen sowjetische Truppen in der DDR eingreifen, weil dadurch das »Neue Denken« unmöglich wird und die neuen Realitäten nicht geschaffen werden können. Drittens strategische: Ein allgemeines Sicherheitssystem muss an die Stelle der Blockbildung treten. An anderer Stelle stellt er fest: »Wenn heute gesagt wird, der Fall der Mauer habe in Moskau einen Schock ausgelöst, dann entspricht das nicht der Wahrheit. Wir waren auf diesen Verlauf der Ereignisse vorbereitet.«

Um die Jahreswende 1989/90 sprach Gorbatschow zum ersten Mal öffentlich über Wiedervereinigung und das Recht der Deutschen auf Einheit. Endgültiges aber wurde erst im Juli 1990 formuliert. Damals kam Kohl mit einer großen Delegation nach Moskau. Einigkeit wurde festgestellt und Verträge geschlossen. Danach flogen beide in Gorbis Heimat, den Nordkaukasus, und Kohl versprach, dass sie sich das nächste Mal in seiner Heimat treffen würden.

»Dann war es also so, dass schon vor der Reise in den Kaukasus alles fest beschlossen war? Für den Wiedervereinigungsprozess ist also diese Reise dann offensichtlich nicht mehr notwendig gewesen«, fragte ich.

»Doch, die letzte Bestätigung fand erst dort statt. Freilich ohne Unterschriften und juristisches Zubehör. Es waren unendlich glückliche Tage. Uns wurde klar, dass wir etwas sehr Wichtiges für Europa und für unsere beiden Länder zustande gebracht haben. Und dieses Gefühl hat uns sehr verbunden.«

»Also doch nicht nur Argumente. Ganz ohne seelische Übereinstimmung, aus der Vertrauen und Harmonie wächst, geht es wohl doch nicht« – es ist übrigens erfreulich zu erfahren, dass die »russische Seele« in dieser kommerziellen Zeit noch keinen Schaden genommen hat. Wer Gorbatschow in diesen Tagen in Münster besuchte, wo er täglich viele Stunden am Bett seiner schwer kranken Frau zubringt, der staunt über die ungezählten Zeichen der Teilnahme, die ihm aus Russland zugehen: Hunderte von Briefen – viele Hunderte –, ein Telegramm von Jelzin, ein telefonischer Anruf des Ministerpräsidenten Putin ...

Man staunt, weil man doch weiß, wie Gorbatschow in den vergangenen Jahren zur Unperson geworden war. Niemand in Russland sprach von ihm, er war der Sünder, dem alle Unbilden aufgebürdet wurden, die Russland widerfahren sind.

Die letzte Schwierigkeit bei der Formulierung des Vertrags war das Problem der Nato. Die Amerikaner sagten Gorbatschow bei seinem Besuch in Washington, Deutschland dürfe nicht neutral werden, weil dann die Präsenz der USA in Europa infrage gestellt würde. Und das bedeute die Zerstörung der Nato. Kohl war derselben Meinung und fügte noch hinzu: »Wir sind auch der Auffassung, dass die Nato ihren Geltungsbereich nicht erweitern sollte.« Gorbatschow hat immer wieder erklärt, dass die Zugehörigkeit des wieder vereinigten Deutschlands zur Nato »unannehmbar« sei. Da drängt sich dann doch die Frage auf, wieso wurde schließlich die Eingliederung akzeptiert? »Weil es keinen Sinn mehr hatte, weiter zu protestieren. Bei den Zwei-plus-Vier-Verhandlungen waren außer uns schließlich alle anderen für eine Eingliederung Deutschlands in die Nato.«

Am 13. September 1990 wurde bei den Zwei-plus-Vier-Verhandlungen der »Vertrag über gute Nachbarschaft, Partnerschaft und Zusammenarbeit« paraphiert. Zu diesem Zweck war Dietrich Genscher nach Moskau gekommen. Er sagte: »Das deutsche Volk weiß und wird es niemals vergessen, dass es die Herstellung der deutschen Einheit vor allem Ihrem persönlichen Beitrag verdankt ... Ihre Kühnheit und Weitsicht spielten hierbei eine entscheidende Rolle. Allen ist klar, dass all dies dank Ihrer Politik der letzten Jahre geschehen ist.«

Anfang November kam Gorbatschow dann zur feierlichen Unterzeichnung des Abkommens nach Bonn, in die Hauptstadt des inzwischen wieder vereinigten Deutschlands. Aus Gorbatschows Rede hier nur ein kurzes Zitat: »Wir haben die Herausforderung der Zeit angenommen und sie am Vorabend des neuen Jahrhunderts als Pflicht gegenüber den eigenen Nationen und gegenüber ganz Europa empfunden. Wir hätten aber diese Sache nicht in Angriff nehmen können, wenn wir uns nicht davon überzeugt hätten, dass im 20. Jahrhundert aus der tragischen Geschichte der Vergangenheit Lehren gezogen worden sind, die bereits tiefe Wurzeln geschlagen haben im Bewusstsein und im politischen Leben Europas.«

Gorbatschow schreibt: »Der Kanzler sagte am Tag der Unterzeichnung der Dokumente in einem Gespräch zu mir: ›Ich erkläre Ihnen ganz offiziell, dass ich als Bundeskanzler Deutschlands und einfach als Bürger Helmut Kohl mein Vertrauen in Sie setze, Herr Gorbatschow. Gerade in Sie und nicht in alle, die Sie umgeben.‹«

»Wer ist denn nun eigentlich der Hauptakteur in diesem Stück gewesen? Wer war der Held, Kohl oder Sie?« Gorbatschows Antwort: »Weder er noch ich, die eigentlichen Helden waren das russische Volk und das deutsche Volk, weil sie begriffen hatten, was die neuen Realitäten erfordern.«

Für eine deutsche Nationalhymne
[1951]

»Jede Nation, und vor allem eine geschlagene, braucht ein Symbol, zu dem sie aufblicken kann«, hat Churchill in einer Rede in Dover gesagt. Er hat darauf hingewiesen, wie klug es gewesen sei, Kaiser Hirohito auf dem japanischen Thron zu lassen und seine Verurteilung abzulehnen. Diese Politik habe entschieden Japans Einstellung zum Westen beeinflusst, so meinte er. In diesem Zusammenhang hat Churchill festgestellt, dass Hitler in Deutschland wahrscheinlich nicht zur Macht gekommen wäre, wenn der Kaiser nach dem Ersten Weltkrieg unangetastet in seiner Stellung belassen worden wäre und die Deutschen jemanden gehabt hätten, zu dem sie hätten aufblicken können.

Wir haben mit Symbolik nicht mehr viel im Sinn, nachdem die Nazis wie in einer Alchimistenküche mit diabolischem Geschick symbolisches Brauchtum und Legenden zu allerlei verführerischen Rauschgetränken zusammenmischten. Mit unglaublicher Raffinesse haben sie ja der Volksseele ihre Geheimnisse abgelauscht, jedem Mythos nachgespürt und das geheimnisvolle Bedürfnis der Jugend nach Opfer, Einsatz, Bruderschaft und Ordensverband für ihre Zwecke ausgenutzt. Kein Wunder, dass eine unendliche Ernüchterung seither über die Deutschen kam! Die Jugend ist argwöhnisch geworden; sie ist immer zur Kritik bereit und realistisch bis zum Zynismus. Vielleicht ist das eine gesunde Reaktion.

Falsch aber wäre es, wenn die Regierenden nicht dafür sorgten, dass diese Reaktion in ihren Grenzen bliebe. Mit anderen Worten: Diejenigen, die das Pendel bedienen, sollten Sorge tragen, dass es nun nicht wieder ebenso weit in entgegengesetzter Richtung ausschlägt. Unsere entgötterte Zeit hat ohnehin so wenig Inspirierendes, dass man es sich nicht leisten kann, auch die natürlichen Symbole, deren jedes Volk bedarf, achtlos preiszugeben. Churchill hat mit vollem Recht gesagt, dass gerade eine geschlagene Nation ihre Symbole braucht.

Das vielleicht einfachste Symbol einer Nation ist neben der Fahne die Nationalhymne. Deutschland ist das einzige Land der Welt, das keine solche Hymne hat. Ausgerechnet das zweigeteilte Deutschland, das ein solches Symbol seiner historischen Einheit nötiger hätte als vieles andere! In allen Situationen, in denen andere Völker, um etwas ganz Bestimmtes auszudrücken, ihre Nationalhymne anstimmen, entsteht bei uns peinliche Verlegenheit, und das Vakuum, das für unsere ganze heutige Existenz so typisch ist, wird erschreckend deutlich.

Und warum ist das so? Haben wir nicht eine sehr schöne Nationalhymne, die nicht einmal durch die Hitlerzeit kompromittiert ist, in der sie nur als Konzession an die »Reaktion« auch gesungen wurde? Ob man nun den ersten oder den dritten Vers singt, das ist wirklich ziemlich gleichgültig – auch bei Volksliedern und Chorälen wird ja der Text nicht auf die Waagschale gelegt. Es muss endlich eine deutsche Nationalhymne geben, die wirklich ein Symbol ist, und zwar ein Symbol für die historische Gemeinsamkeit von Ost- und Westdeutschland.

Die Flammenzeichen rauchen
Der Aufstand vom 17. Juni gibt uns den Glauben
an die Einheit wieder
[1953]

Als die Pariser am 14. Juli 1789 die Bastille stürmten, wobei sie 98 Tote zu beklagen hatten und nur 7 Gefangene befreiten, ahnten sie nicht, dass dieser Tag zum Symbol für die Französische Revolution werden würde. Er wurde es, obgleich alle wesentlichen Ereignisse: die Erklärung der Menschenrechte, die Ausarbeitung der neuen Verfassung, die Abschaffung der Monarchie zum Teil erst Jahre später erfolgten. – Der 17. Juni 1953 wird einst und vielleicht nicht nur in die deutsche Geschichte eingehen als ein großer, ein symbolischer Tag. Er sollte bei uns jetzt schon zum Nationaltag des wieder vereinten Deutschland proklamiert werden. Denn an diesem 17. Juni hat sich etwas vollzogen, was wir alle für unmöglich hielten.

Hatte nicht schon Nietzsche gesagt: »Wer aber erst gelernt hat, vor der Macht der Geschichte den Rücken zu krümmen und den Kopf zu beugen, der nickt zuletzt chinesenhaft-mechanisch sein ›Ja‹ zu jeder Macht ... und bewegt seine Glieder in dem Takt, in dem irgendeine Macht am Faden zieht.« Hatten wir nicht längst resigniert vor der Macht des totalitären Apparates, gegen den jede Auflehnung zwecklos sei? Hatten nicht viele jene Jugend für verloren angesehen, die im totalen Staat Hitlers geboren und im totalen Staat der SED herangewachsen war? Und nun?

Nun kam der 17. Juni. Am Morgen hatten ein paar Bauarbeiter in der Stalinallee in Berlin gegen die Erhöhung der Arbeitsnorm revoltiert. Spontan kam ein Protestmarsch zustande, ohne eigentliches Ziel zunächst und ohne jegliche Organisation. Hunderte stießen dazu, bald waren es Tausende, Zehntausende und mehr. Nach 24 Stunden stand Ostberlin im offenen Aufruhr, ohne Waffen, mit Steinen und Stangen gingen die Arbeiter gegen die russischen Panzer vor. In Leipzig brannten die Leuna-Werke, in Magdeburg wurde das Zuchthaus gestürmt ... Streik auf den Werften, Streik bei Zeiß-Jena, auf allen Bahnstrecken, in den Kohle- und Uranbergwerken. Staatseigene Läden, Polizeistationen und Propagandabüros standen in Flammen. Die Volkspolizei ließ sich teilweise widerstandslos entwaffnen. Eine aus Magdeburg geflüchtete Arbeiterin berichtete über den Sturm der Magdeburger auf das Volkspolizeipräsidium. Die Volkspolizisten hätten die Tore geöffnet, ihre Waffen übergeben und die Uniformröcke ausgezogen. »Ich sah, wie Offiziere der Volkspolizei, die dem Vordringen der Arbeiter Widerstand entgegensetzten, aus den Fenstern des ersten Stocks geworfen und verprügelt wurden.«

Als Demonstration begann's und ist eine Revolution geworden! Die erste wirkliche deutsche Revolution, ausgetragen von Arbeitern, die sich gegen das kommunistische Arbeiterparadies empörten, die unbewaffnet, mit bloßen Händen, der Volkspolizei und der Roten Armee gegenüberstanden und die jetzt den sowjetischen Funktionären ausgeliefert sind. Straße für Straße und Haus für Haus wird jetzt durchsucht nach Provokateuren und Personen, die sich nicht dort aufhalten, wo sie gemeldet sind. Allein in Ostberlin befanden sich nach dem Aufstand mehrere tausend Personen in Haft, zum Teil in Schulen, die provisorisch in Gefängnisse umgewandelt worden sind. Sehr viele ganz junge sind dabei. In einer Liste von »überführten Provokateuren«, die das SED-Organ veröffentlichte, gehört die Mehrzahl den Jahrgängen von 1933 bis 1935 an. Das ist die Jugend, von der man uns glauben machen wollte, sie habe den Sinn für die Freiheit verloren.

Es ist Blut geflossen – vielleicht sehr viel Blut. Der Ausnahmezustand wurde verhängt, und dort, wo bisher die kommunistischen Bürgermeister herrschten, regieren wieder wie 1945 die Rotarmisten. Der Ostberliner Bürgermeister Ebert stellte fest: »Unsere sowjetischen Freunde haben durch ihr energisches und mit großer Umsicht geführtes Eingreifen uns und der Sache des Friedens einen großen Dienst geleistet.« Das ist die einzige Stimme aus dem Kreise der »deutschen« Regierungsfunktionäre, gegen die der Aufstand sich in erster Linie richtete. Also eine Revolution, die zu nichts geführt hat?

Nein, so ist es nicht. Diese Revolution hat im Gegenteil ein sehr wichtiges Ergebnis gehabt. Das, was der britischen Diplomatie und den amerikanischen Bemühungen nicht gelungen war, das haben die Berliner Arbeiter fertig gebracht: Sie haben am Vorabend der Vierer-Verhandlungen im Angesicht der ganzen Welt offenbar werden lassen, auf wie schwachen Füßen die Macht im Kreml und seiner Werkzeuge in Ostdeutschland (und vermutlich in allen Volksdemokratien) steht. Es ist deutlich geworden, dass dieses Gebiet, zu dessen Fürsprecher und Schutzpatron jene sich so gern aufwerfen, sie aus ganzem Herzen hasst und verachtet, ja, dass sie sich nicht einmal auf die Volkspolizei verlassen können. Es ist ferner offenbar geworden, dass mit dem richtigen Instinkt für die Schwächemomente des totalitären Regimes man selbst diesem schwere Schläge versetzen kann – ganz zu schweigen davon, dass dieses System in vollem Umfang politisch, wirtschaftlich und psychologisch Schiffbruch erlitten hat. Und schließlich ist für alle noch eines ganz eindeutig klar geworden, dass nämlich jetzt die Einheit Deutschlands die wichtigste Etappe in der weiteren politischen Entwicklung sein muss.

Jener 17. Juni hat ein Bild enthüllt, das nicht mehr wegzuwischen ist: die strahlenden Gesichter jener Deutschen, die seit Jahren in Sorge und Knechtschaft lebten und die plötzlich, wie in einem Rausch, aufstanden, die fremden Plakate heruntergerissen, die roten Fahnen verbrannten, freie Wahlen zur Wiedervereinigung forderten … Und die nun wieder schweigend, von neuen Sorgen erfüllt, an ihre Arbeitsstätten wandern. Manch einem in der Bundesrepublik mag erst in diesen Tagen klar geworden sein, dass das, was dort drüben geschieht, uns alle angeht und nicht nur jene, die die Verhandlungen führen. Der 17. Juni hat unwiderlegbar bewiesen, dass die Einheit Deutschlands eine historische Notwendigkeit ist. Wir wissen jetzt, dass der Tag kommen wird, an dem Berlin wieder die deutsche Hauptstadt ist. Die ostdeutschen Arbeiter haben uns diesen Glauben wiedergegeben, und Glauben ist der höchste Grad der Gewissheit.

Ein harter Kampf in Moskau
Am Konferenztisch eiskalt, beim Bankett
eng umschlungen
[1955]

Moskau, im September
Dieser Staatsbesuch wird als eines der eigenartigsten diplomatischen Ereignisse in die Geschichte eingehen: Der deutsche Bundeskanzler begab sich mit zwei Sonderflugzeugen und einem Sonderzug, also mit großem Aufgebot, jedoch ohne festes Programm, in die Metropole der östlichen Welt, zu der keinerlei Beziehungen bestehen.

So fingen sie an: Zur Begrüßung der deutschen Delegation flatterte die Fahne der Bundesrepublik neben Hammer und Sichel. Die Ehrenkompanie trug zum ersten Male seit 1917 bunte Galauniformen. Großartige Burschen marschierten da auf. Jede Nation könnte stolz auf sie sein. Den flachen Horizont des Flugplatzes säumte ein Rand von Wäldern, hinter denen man die Weite dieses unermesslichen Landes ahnte, und darüber wölbte sich ein östlicher Himmel, an dem ein paar spätsommerliche Wolken standen. Der Wind trieb die Klänge der beiden Nationalhymnen weit über das Land. Zum letzten Mal haben Sowjets und Deutsche diese Hymnen auf diesem Platz gehört, als vor sechzehn Jahren der Außenminister Nazideutschlands in einer Condor-Maschine hier landete. Dazwischen liegen Jahre der Zerstörung, liegt der Weg vom totalen Zusammenbruch eines Volkes, das ausgezogen war, die Fleischtöpfe Europas zu erobern, in die Verdammnis stürzte und nun, vom Wunsch nach Frieden beseelt, dem großen Widersacher einen ersten offiziellen Besuch abstattet. Es war ein Galaempfang, den die Gastgeber ihm bereiteten: große Bankette mit hochgestimmten Trinksprüchen, weitausladender Gastfreundschaft und ungezwungener Heiterkeit, mit burlesken Späßen und allgemeiner Verbrüderung.

Am nächsten Tage wurden die beiden Grundsatzerklärungen verlesen – die Bonner Erklärung ist ein staatsmännisches Meisterwerk von ungewöhnlicher menschlicher Wärme und Eindringlichkeit. Tags darauf folgte die erste sachliche Unterhaltung, und sofort ward die tiefe Kluft deutlich, die zwischen diesen beiden Welten liegt.

Der Arbeitstisch verbindet nicht die beiden Delegationen, die jede an einer Seite Platz genommen haben; er trennt sie. Bulganin sprach als Erster von den Schrecken des Krieges und den Nazigräueln. Und was soll man von dem unsinnigen Gerede halten – sagte er –, das in Westdeutschland über die Politik der Stärke geführt wird? Drohend fügte er hinzu: So sprächen wahrscheinlich diejenigen, für die die Schrecken des Zweiten Weltkrieges nicht ausreichen ... Die Kriegsgefangenen seien Verbrecher, Mörder und Brandstifter. Wolle man diese Frage überhaupt behandeln, so müssten an diesen Verhandlungen auch die Vertreter der DDR teilnehmen. Da die Bundesregierung dies aber nicht für wünschenswert erachte, sei »es offensichtlich nicht zweckmäßig, diese Frage zum Gegenstand dieser Verhandlungen zu machen«.

Und zur Wiedervereinigung? Die Angliederung Deutschlands an die Militärbündnisse des Westens, NATO, WEU, die gegen die Sowjetunion gerichtet seien, hätten die Dinge unnützerweise sehr erschwert. Nun gebe es nur eines: zu versuchen, die Militärgruppierungen als solche allmählich überflüssig zu machen, nämlich durch Schaffung eines europäischen kollektiven Sicherheitssystems. Im übrigen sei die Wiedervereinigung eine deutsche Angelegenheit, deren Lösung nur von der Bundesregierung und der DDR gemeinsam vorangetrieben werden könne ...

Bereits an dieser Stelle, also am Sonnabend, zeigte sich, dass niemand Brücken sah. Aber Adenauer wollte den Kampf um die Kriegsgefangenen nicht aufgeben. Er erinnerte an die hektische Atmosphäre der ersten Nachkriegszeit, in der die Urteile verhängt wurden, sprach von Gnadenakten der anderen Alliierten, appellierte an das sowjetrussische Volk, »ein Volk, das viel Herz und Gemüt hat«. Es ist wahr, so sagte der Kanzler, deutsche Truppen sind in Russland eingefallen. Es ist wahr, dass viel Schlechtes geschehen ist; aber als die russische Armee dann – gewiss in der Gegenwehr – in Deutschland eindrang, mussten auch dort viele entsetzliche Dinge geschehen. Eine Feststellung, die Chruschtschow zu dem empörten Ausruf veranlasste, der Kanzler habe die Sowjettruppen beleidigt ...

Adenauer setzte auseinander: der Gedanke, der bei seiner Einladung ausgesprochen wurde, dass nämlich die Erörterung des Friedens in Europa von dem Bestehen normaler, guter Beziehungen zwischen dem sowjetischen und dem deutschen Volk abhängig sei, dieser Gedanke werde auch von ihm geteilt. »Wir sind hierher gekommen, um normale und gute Beziehungen zwischen den beiden Völkern wieder herzustellen, und nicht nur – das würde nur ein kleiner Teil dieser Aufgaben sein – um normale diplomatische Beziehungen herzustellen.« Man könne aber normale Beziehungen nur auf einem normalen Zustand aufbauen, nicht auf einem anormalen.

Chruschtschow, der über alles dominierende, bärbeißige, rasch und eisern zupackende Mann, wurde sehr viel deutlicher. Wenn die Bundesrepublik zögere, diplomatische Beziehungen aufzunehmen – gut, dann eben nicht! Die Sowjetunion sei sehr wohl in der Lage, zu warten. »Uns weht kein Wind ins Gesicht.« Überdies: die Regierung der DDR werde überall, wie er selbst gesehen habe, mit Jubel und Applaus begrüßt. Denn dies sei das System, dem die Zukunft gehöre. Daran müssten die Deutschen sich gewöhnen. Schließlich seien Marx und Engels Deutsche. Die Deutschen hätten also die Suppe gekocht, jetzt sollten sie sie auch essen. Der Kanzler, dem diese »Eintopf-Vorstellung« nicht gefiel, fragte »Kennen Sie den Namen Pferdmenges? Das ist ein Neffe von Engels.« Aber Chruschtschow kannte den Namen Pferdmenges nicht.

Das politische Ergebnis dieser Verhandlung? Die Sowjetunion steht in voller Größe hinter der DDR. Sie deutet nicht einmal einen möglichen Weg zur Wiedervereinigung an; denn kollektives Sicherheitssystem, das heißt: zwei Deutschland. Es gibt also keine Wiedervereinigung. Unter diesen Umständen schien die Aufnahme diplomatischer Beziehungen unmöglich. Um sie ist am Konferenztisch tagelang mit eiserner Energie gekämpft und bei Krimsekt und Wodka mit spontaner Herzlichkeit geworben worden.

Wahrlich, ein karges Ergebnis, das in keinem Verhältnis zu dem Aufwand von beiden Seiten steht, der übrigens seinen Höhepunkt am gleichen Abend in einer Galavorstellung des Balletts und am anderen Abend in einem Galaempfang im Kreml fand. Im Theater standen sie nun in der goldenen Zarenloge, die Großen des Sowjetreiches, Bulganin, Chruschtschow, Molotow, und an ihrer Seite der Bundeskanzler und Außenminister von Brentano, und während ihnen wohl allen die Gedanken an die schwierigen Verhandlungen im Kopfe herumgingen, sandte der Funk das Bild der immer wieder Hände schüttelnden, sich herzlich anlächelnden Regierungschefs rund um die Welt. Und das Merkwürdige: Beides ist echt, die vollkommene Unvereinbarkeit der Standpunkte und die freundschaftliche, nein, herzliche Unbefangenheit, mit der die sowjetischen Gastgeber ihre Gäste behandeln, denen sie immer wieder versichern: »Wenn unsere beiden Nationen zusammenhalten, ist es ganz gleich, was sonst in der Welt geschieht, dann kann es keinen Krieg geben, niemals mehr.«

Die Sorge vor einem möglichen Krieg ist in der Tat ein alles beherrschender Gesichtspunkt. Darum war auch die allgemeine Entspannung, wie sie sich in Genf bemerkbar machte, von ganz unschätzbarer Bedeutung für die Russen. Jetzt handelt es sich für sie vor allem darum, das sowjetische Imperium ungeschmälert durch die neue Phase der Weltpolitik zu steuern. Darum kann der Kreml es sich im Hinblick auf die Satelliten nicht leisten, die DDR preiszugeben, und es handelt sich weiter im Hinblick auf China darum, dass Moskau sich als Gralshüter des Marxismus immer wieder neu bestätigt – auch darum kann es die DDR nicht preisgeben. Stalin wäre stark genug gewesen, es zu tun, aber jetzt ist das anders.

Dennoch war diese Reise ins Sowjetland keineswegs zwecklos. Beide Völker müssen nebeneinander leben, und von ihren Beziehungen zueinander hängt viel ab. Bisher hatten sie überhaupt keine Beziehungen zueinander, nicht einmal eine Vorstellung voneinander – jeder malte sich den anderen jeweils so schwarz oder so grau, wie es ihm gerade passte. Jetzt wird dies anders. An die Stelle des Klischees ist ein lebendiges persönliches Bild getreten. Man hat zusammen geredet, gegessen und getrunken, man hat gemeinsame Erfahrungen – »Weißt du noch, *Gospodin* Kanzler, *Towarisch* Schmid, damals in Moskau …?« Niemand wischt diese Reise wieder weg, bei uns nicht und bei den anderen auch nicht.

Nach Moskau fahren oder nicht
Wer reisen will, ist noch kein Patriot, wer zögert,
noch kein Verräter
[1956]

Wie einfach war es doch vordem, als Krieg noch Krieg war und Frieden noch Frieden! Wie einfach, als Kriege noch um konkreter Ziele willen geführt wurden: um Weidegründe, Häfen und Provinzen oder um die Herstellung besserer Grenzen. Damals gab es noch Frieden, wenn das Ziel erreicht war – wenigstens so lange, bis der Besiegte wieder so weit war, Rache nehmen zu können. Heute ist das anders. Weltanschauliche Kriege, die der Ausbreitung einer bestimmten Heilsbotschaft oder Ideologie dienen, sind erbarmungslos und ohne Ende, denn niemand vermag in die Hirne und Herzen der Menschen zu schauen, um sich zu überzeugen, wer denn nun an welchen Glauben glaubt. Misstrauen, Angst vor Häresie und Bekehrungseifer nehmen kein Ende.

Die Kinder, die, als der Zweite Weltkrieg zu Ende ging, gerade eingeschult wurden, sind heute erwachsene Menschen, aber der Zustand des permanenten Misstrauens ist noch der gleiche wie damals. Die Grenze, die mitten durch Deutschland läuft, ist noch die gleiche, die damals im Sommer 1945 die westlichen Besatzungsarmeen von den östlichen trennte.

In dieser Situation hat die Metropole der östlichen Welt eine Delegation des Bundestages eingeladen, Moskau zu besuchen. Der Bundestag hat zehn Wochen lang überlegt, ob er der Einladung folgen soll oder nicht. Warum? Sollte man nicht jede Möglichkeit des Kontaktes und der Gesprächsführung freudig willkommen heißen und ausnutzen? Normale Beziehungen – wer sehnte sich nicht danach? Oder sind normale Beziehungen in einer durch und durch unnormalen Situation gar nicht möglich? Sind vielleicht in der Ära ideologischer Kriegsführung bereits friedliche Besuche gefährlich?

Und was ist eigentlich bisher geschehen, um unsere Beziehungen zum Osten zu normalisieren? Der Kanzler hat mehrfach erklärt, Deutschland verzichte ein für alle Mal darauf, die Grenzziehung im Osten mit Gewalt zu ändern. Und das ist viel, denn die natürliche Reaktion dessen, dem etwas Wesentliches gestohlen wurde, ist doch wohl, so rasch wie möglich Kräfte zu sammeln, um sich das Geraubte wieder zu holen. Die Bundesregierung hat ferner, schon 1950, einen detaillierten Plan ausgearbeitet, der die einzelnen Schritte festlegt, die zur Normalisierung unternommen werden müssen: Allgemeine Wahlen zu einer verfassunggebenden Nationalversammlung, Ausarbeitung einer gesamtdeutschen Verfassung, Bildung einer gesamtdeutschen Regierung. Schließlich hat die Bundesrepublik sich verpflichtet – und die Westmächte haben diese Zusicherung auf der zweiten Genfer Konferenz bestätigt –, dass das zukünftige Verhältnis zur NATO der freien Entscheidung Gesamtdeutschlands überlassen werde.

Es fehlt also nicht an konkreten Vorschlägen und Zusicherungen von unserer Seite. Was ist indessen von russischer Seite geschehen, die Dinge voranzutreiben?

Die Sowjets haben keinerlei Vorschläge gemacht. Sie haben sich darauf beschränkt, verschiedene Forderungen aufzustellen. Abwechselnd heißt es, die Bundesrepublik müsse aus der NATO austreten und die Wiederaufrüstung unterlassen, und die Bundesrepublik müsse sich mit der DDR verständigen, wobei natürlich die »Errungenschaften der DDR« nicht preisgegeben werden dürften. Also: Nicht Selbstbestimmung der Deutschen, sondern Bestimmung der ökonomischen, sozialen und politischen Struktur durch Moskau; denn, dass die Selbstbestimmung der Bevölkerung in der Zone anders aussehen würde, das hat der 17. Juni – und nicht nur dieser Tag – gezeigt.

Der Bundestag, oder um es konkreter auszudrücken, die Abgeordneten des Bundestages, und zwar jeder einzelne, hat die Verpflichtung, dafür zu sorgen, dass der Teilung Deutschlands ein Ende gemacht wird. Einzig und allein in diesem Licht ist auch die Frage zu prüfen, ob eine Delegation des Bonner Bundestags der Moskauer Einladung folgen solle. Denn so einfach ist es nicht, dass man sagen könnte: Wer bereit ist, zu fahren, der beweist, dass ihm die Wiedervereinigung am Herzen liegt; wer aber Ablehnung erwägt, bringt damit zum Ausdruck, dass der Osten ihm gleichgültig ist. Kein Zweifel: es gibt Argumente für und gegen den Besuch, und es ist wichtig, beide zu kennen.

Worauf kommt es denn den Sowjets – die unverdrossen und nimmermüde wiederholen, die deutsche Wiedervereinigung sei Sache der Deutschen selbst – bei einer solchen Einladung an? Es geht ihnen darum, Beweise der freundschaftlichen Beziehungen zwischen Moskau und Bonn zu demonstrieren, weil ein Abglanz dieser Freundschaft naturnotwendig auch auf die Beziehungen Bonns zu Pankow fallen muss. Welcher fast unwiderstehlichen Offensive rustikaler Freundschaft Gäste, die nach Moskau reisen, ausgesetzt sind, davon weiß der ein Lied zu singen, der die Festlichkeiten zu Ehren Adenauers im vorigen Jahr miterlebt hat. Erbärmlich muss sich fühlen, wer so viel Gastlichkeit, so herzliche Händedrücke und freundschaftliche Umarmungen ungerührt vorübergehen lässt!

Immer schon war es überdies eine Spezialität autoritärer Regierungen, unabhängige Persönlichkeiten, Einrichtungen oder Ereignisse unbemerkt in den Dienst ihres Regimes zu stellen. Hjalmar Schacht durfte frei reisen und sprechen, solange man sich in Berlin von seinen scheinbar unbemerkten und zwanglosen Kontakten mit englischen Bankiers einen beruhigenden Einfluss auf die Londoner City versprach. Die großen amerikanischen Autokonzerne, die in Deutschland ihre Vertretungen hatten, wurden am Vorabend des amerikanischen Kriegseintritts zu einer Art *pressure group* für *appeasement* und predigten Neutralismus aus handelspolitischem Patriotismus. Es gibt eben keinen Kontakt mit einem autoritären Staat, sei er faschistisch oder kommunistisch, den dieser nicht politisch zu nutzen verstände.

Wenn durch normale Beziehungen und freundschaftlichen Verkehr mit totalitären Regimen (ob nun 1936 demokratische Staatsmänner und gekrönte Häupter zur Olympiade nach Berlin fuhren oder 1956 Parlamentarier Freundschaftsbesuche im parlamentfeindlichen Moskau machen) diese ihren fratzenartigen Aspekt verlieren, dann besteht die Gefahr, dass eine Diktatur nur noch als eine mehr oder weniger zufällige Abart der üblichen Staatsform angesehen wird, und dann wird niemand auf die Dauer bereit sein, einer solchen harmlosen Deformation geistigen Widerstand entgegenzusetzen.

Mögen all diese Überlegungen gegen einen Besuch der Volksvertreter bei den sowjetischen Machthabern, die den Deutschen ihrer Zone die Selbstbestimmung und die Freiheit vorenthalten, sprechen, so gibt es gleichwohl auch Argumente, die jene Überlegungen wiederum in Frage stellen. Vornehmlich ist da die Einsicht, dass, wenn man von einem Großmächtigen etwas wolle, man ihn nicht immerfort vor den Kopf stoßen dürfe, sondern mit ihm reden müsse. Im Zustand der Entspannung kann man handeln, verhandeln, vielleicht etwas erreichen; in der gespannten Verbissenheit feindseligen Misstrauens wahrscheinlich nicht. Es spricht ferner vieles dafür, dass unsere Art, die Welt anzuschauen, manchen im Osten mehr zusagt als ihr eigenes erbarmungsloses Regime und dass darum jede mögliche Berührung mit Menschen aus dem Westen wichtig ist und dazu beiträgt, die neue Lockerung im Sinne einer Evolution weiterzuentwickeln zu helfen. Ja, es ist möglich, dass darin sogar eine gewisse Aufgabe liegt.

Und schließlich: Sind wir wirklich so anfällig, dass wir uns ständig abschirmen müssen? Ist unsere »Heilsbotschaft« so wenig überzeugend, so wenig geeignet, die Konfrontation mit dem marxistisch-leninistischen Dogma auszuhalten, dass man solche Begegnungen meiden muss? Je mehr im Osten der Terror, mit dem früher alles übertrumpft werden konnte, abgebaut wird, desto größer wird die Chance, zu einem echten Messen der geistigen und politischen Kräfte zu kommen. Wir haben es nicht zu scheuen. Jedenfalls nicht solange wir uns der besonderen deutschen Problematik bewusst bleiben, nämlich in diesem Falle bei denen eingeladen zu sein, die unseren Brüdern die Selbstbestimmung vorenthalten.

Die Quittung für den langen Schlaf
Die Politik des Nichtstuns kommt uns teuer zu stehen
[1961]

> *Diese Generation kann nicht*
> *mehr geistig, sondern nur noch durch*
> *Ereignisse geführt werden.*
> Winston Churchill,
> 1939 nach Kündigung des Flottenabkommens

Diesen 13. August wird man so bald nicht vergessen. Auch wer an diesem Tage nicht in Berlin war, wird diesen Sonntag vor Augen behalten, denn im Fernsehen konnte man ja miterleben, wie die Panzer am Potsdamer Platz und am Brandenburger Tor auffuhren, die Kampftruppen ausschwärmten, die Volkspolizei Betonpfeiler einrammte, Stacheldraht quer durch Berlin spannte und den Asphalt aufriss.

Ich weiß nicht, ob je zuvor eine Nation am Bildschirm zuschauen konnte, wie für einen Teil ihrer Bevölkerung das Kreuz zurechtgezimmert wurde. Für einen Teil oder vielleicht doch für alle? Es heißt immer, der Frieden sei unteilbar und die Freiheit – aber wahrscheinlich ist auch das Kreuz unteilbar. Die Leute haben es nur noch nicht gemerkt.

Der Regierende Bürgermeister von Berlin sagte in einer sehr bewegenden Sitzung des Abgeordnetenhauses: »Dies ist die Stunde der Bewährung für das ganze Volk.« Er hat Recht, es geht uns alle an. Es ist nur ein Zufall, dass dieser Stacheldraht quer durch Berlin geht – im Grunde schneidet er dem deutschen Volk mitten durchs Herz.

Wenn's denn wirklich so schwer vorzustellen ist: Es könnte ja auch sein, dass Köln von Deutz auf diese Weise getrennt wäre, dass auf der einen Seite der Königsallee in Düsseldorf, des Mains in Frankfurt, der Alster in Hamburg, der Maximilianstraße in München Panzer und Maschinengewehre aufgefahren wären und kein Bürger lebend die andere Seite erreichte. Wirklich: Berlin ist kein isolierter Fall, Berlin geht uns alle an. Wenn wir hier versagen, dann geschieht es uns recht, wenn auch wir uns eines Tages innerhalb und nicht mehr außerhalb jenes KZs befinden, das an diesem 13. August mit Stacheldraht seine letzten Ausgänge verbarrikadiert hat.

Besonders verwunderlich allerdings wäre dies gewiss nicht. Die Politik der letzten Wochen und Monate ist schlechterdings unverständlich. Zunächst war doch die Antwort auf Chruschtschows Drohungen mit dem Separatfrieden: »Verhandlungen kommen nicht in Frage.« Dann hielt Kennedy jene glänzende Rede, in der er ganz deutlich machte, worauf es ankomme, nämlich darauf, zweigleisig zu fahren: vermehrt zu rüsten und gleichzeitig zu verhandeln. Es folgte die Pariser Außenministerkonferenz, die diese Richtlinien im Detail ausarbeiten wollte.

Ihr Ergebnis: Ein Katalog militärischer und wirtschaftspolitischer Maßnahmen und nebenbei gewisse Andeutungen, wenn Chruschtschow schön brav sei und sich ganz gesittet benähme, werde man vielleicht einmal – noch könne man nicht sagen, wann – mit ihm reden. Ob dieses angesichts der Kennedy-Rede und ihrer Richtlinien wirklich kuriose Ergebnis durch Bonner und Pariser Wünsche beeinflusst wurde oder ob es, wie die Dementis aus beiden Städten behaupten, dem Wunsch aller vier Teilnehmer entsprach, ist schwer festzustellen.

Verwunderlich freilich wäre es nicht, wenn sich das Gerücht bestätigte, Washington und London hätten einen festen Termin nennen wollen, doch hätten de Gaulle und Adenauer sich widersetzt. Das Weltbild jener beiden alten Herren, das vom 19. Jahrhundert geprägt wurde, mag ihnen die Vorstellung eingeben, es sei ihr erstgeborenes und angestammtes Recht, zu bestimmen, wann Gespräche mit dem mächtigen Emporkömmling stattfinden! Natürlich nur als Belohnung, nicht unter Druck! De Gaulle hielt es ja auch jahrelang für unter seiner Würde, mit Bourgiba oder dem FLN zu verhandeln.

Komisch ist allerdings – doch dies nur nebenbei: Wenn wir gerade mal nicht unter Druck stehen (wie zum Beispiel damals, als die *ZEIT* vorschlug, ganz Berlin zum Sitz der UN zu machen), wird auch nicht verhandelt, »weil ja gar keine Veranlassung dazu besteht«.

Die Außenminister waren also übereingekommen, »äußerste Entschlossenheit« zu zeigen. Chruschtschow will keinen Krieg, so hieß es, und wenn wir ihm klarmachen, dass wir vor nichts zurückscheuen, dann wird er es nicht wagen, irgendwelche Verletzungen zu begehen. Das ist eine Politik, die, unter bestimmten Umständen und folgerichtig vertreten, durchaus Sinn haben kann. Sie wird aber gänzlich unsinnig, wenn schon zwei Tage später Kennedy, Rusk und auch Adenauer, jeder vor seinem entsprechenden Publikum, munter darüber plaudern, dass man sich demnächst mit dem Sowjetchef zu Verhandlungen zusammensetzen werde. Was übrigens die in Paris kundgetane Bereitschaft zu militärischen Maßnahmen anbetrifft, so sagte Bundeskanzler Adenauer in Kiel: »Es ist müßig, zur Zeit von einer Verlängerung der Wehrpflicht und von einer Einberufung von Reservisten in der Bundesrepublik zu sprechen.«

Also weder das eine noch das andere? Für beide Alternativen bringt man keinerlei Konsequenz auf: Die Kriegsdrohung, von vielen, nicht zuletzt von Strauß, als Allheilmittel gepriesen, ist einfach eine unglaubwürdige Abschreckung und darum nichts wert. (Zumal man nie wirklich eine Politik der Stärke getrieben hat.) Und Verhandlungsangebote, die genau darum um so wichtiger wären, sind nur dann etwas wert, wenn sie präzis mit Terminangaben ausgesprochen werden. Wäre auf der Pariser Außenministerkonferenz oder auch vorher ein fester Teminkalender beschlossen worden, dann hätte

Chruschtschow jetzt wahrscheinlich nicht das Risiko auf sich genommen, den Viermächte-Status von Berlin mit brutaler Gewalt einseitig zu brechen. (Dass in der Zwischenzeit sicherlich noch einmal 60 000 Menschen die Flucht ergriffen hatten, wäre ihm unter solchen Umständen wahrscheinlich auch egal gewesen.)

Aber so? So hat Chruschtschow sich entschlossen, das Risiko zu laufen und das Kernstück aus dem Separatfriedensvertrag vorwegzunehmen. Und siehe da, außer wortreichen Protesten und gewissen wirtschaftlichen Drohungen passierte nichts. »Ja, wenn ich gewusst hätte, dass das so leicht ist ...«, mag er heute denken.

Man fragt sich wirklich, wozu eigentlich die vielen westlichen Beratungen – bei denen, wie zuletzt in Paris, weit über hundert Sachverständige zusammenkamen –, wozu sie eigentlich dienten, wenn nicht dazu, einen Katalog automatischer Reaktionen auf sowjetische Verletzungen aufzustellen. Seit Monaten hat Chruschtschow angekündigt, dass er den Viermächte-Status außer Kraft setzen werde, und jetzt, nachdem er es getan hat, fangen die westlichen Alliierten an zu beraten, wie man diesen Rechtsbruch beantworten soll. Offenbar sind sie ganz verloren, wenn der Gegner nicht alles genauso macht, wie sie sich das vorgestellt haben. Wenn er mit Punkt drei beginnt statt mit Punkt eins, dann ergreift sie vollständige Ratlosigkeit.

Was da am 13. August in Berlin geschehen ist, das ist ein Markstein in der Nachkriegsgeschichte – so wie es 1948 der Fenstersturz in Prag war oder der Auszug der Sowjets aus der Kommandantur. Etwas Entscheidendes hat sich geändert. Jetzt beginnt eine neue Phase. Wir sind dem Abgrund ein gut Stück näher gerückt.

Und was tun wir? Antwort: Gar nichts! Und was sagen wir? Ein Sprecher des Auswärtigen Amtes sagte am Tage danach, die Vorgänge in Berlin seien so ungeheuerlich, dass es genüge, das Ausland darüber zu informieren. Die NATO fand, die Impulse für ihre Haltung müssten von den drei westlichen Großmächten ausgehen, und in Washington versuchte man, sich darauf »herauszureden«, dass die sowjetzonalen Schritte ja nicht den freien Zugang von Westdeutschland nach Westberlin betreffen, für den allein sie aufzukommen hätten.

Die Alliierten müssen jetzt ihre Beschlüsse fassen – und wir? Wir sollten sofort diesen gespenstischen Wahlkampf einstellen: Die Parteien müssen jetzt gemeinsam nachdenken und sich nicht gegenseitig bekämpfen. Zwei Minuten Arbeitsruhe ist nicht genug. Protestmärsche der Gewerkschaften müssten in Hamburg, im Ruhrgebiet, in der Pfalz stattfinden, Demonstrationen der Bevölkerung, Unterschriftensammlungen in der Arbeiterschaft. Warum fährt Minister Lemmer nicht nach Moskau?

Warum wird die UN nicht angerufen? Selten noch gab es einen Fall, der so geeignet war für dieses Gremium wie die Schande des Ulbricht-Staates. Ist nicht das simpelste, das letzte aller Menschenrechte das Recht auf ungehinderte Flucht? Gewiss, man kann gegen jeden dieser Schritte einwenden, dass er einen siegestrunkenen Diktator nicht entscheidend beeindrucken werde, aber das Schlimmste, was ein Staatsmann in einer solchen Situation tun kann, ist doch, nichts zu tun, denn das kommt einer Bankrotterklärung gleich.

Ist es wirklich so leicht bei uns, das Recht und die Menschlichkeit aus den Angeln zu heben, ohne dass etwas passiert? Ist das heute noch so einfach, wie es schon einmal war?

Willy Brandt
Ein Nachruf
[1992]

So steht er uns vor Augen: souverän, nachdenklich, verschlossen, inspirierend. Visionen beschwörend. Loyalität erzeugend. Aber auch einsam – sehr einsam.

Vor Jahren hat er einmal auf die Frage von Günter Gaus in einem Fernsehinterview geantwortet: »Ich will es nicht dramatisieren, das mit der schwierigen Kindheit – es war gut für mich gesorgt, das war es nicht. Aber man unterschied sich von anderen. Ich hatte viele Freunde – aber im Grunde keinen, der mir wirklich nahe war ... Lange Jahre gewohnt, mit mir allein auszukommen, fiel es mir nicht leicht, meine Gefühle und innersten Gedanken mit anderen zu teilen.« Mit kleineren Worten lässt sich großer Schmerz wohl kaum beschreiben.

Er hatte schon früh Ersatz für die Familie in der Sozialistischen Jugendbewegung gefunden. Für ihn war eine Ausnahme geschaffen worden: Er wurde zwei Jahre früher, als die Regel es erlaubt, mit sechzehn, in die SPD aufgenommen. Aber schon als Neunzehnjähriger, im Frühjahr 1933, musste er, auf sich allein gestellt, emigrieren – er flüchtete in einem Fischkutter über die Ostsee.

Im Jahre 1946 kehrte er dann als Presseattaché der Norwegischen Militärmission – in Uniform – nach Berlin zurück. Als ihm ein Jahr später von der SPD angeboten wurde, die Verbindungsstelle der Partei zu den Alliierten zu übernehmen, entschloss er sich, wieder deutscher Staatsbürger zu werden.

Wegen der fremden Uniform aber hat er viele gemeine Angriffe erdulden müssen. Zwanzig Jahre später, 1966, als Außenminister, leitete Brandt ein neues Kapitel in unserer Geschichte ein. Die juristischen Fiktionen, mit denen bis dahin Außenpolitik betrieben worden war, legte er beiseite und leitete die Entspannung ein. Von der CDU wurde der Wahlkampf des Jahres 1969 noch immer defensiv mit den alten Argumenten geführt, die SPD trat dagegen offensiv unter der Fahne der Ostpolitik an.

Brandt hat den außenpolitischen Spielraum der Bundesrepublik, die vier Legislaturperioden in den Fesseln der Hallstein-Doktrin gelegen hatte, entscheidend erweitert – zuvor war fünfzehn Jahre lang kein Brief zwischen den beiden deutschen Regierungen hin- oder hergegangen. Jetzt kam die Politik endlich in Bewegung. Und sogleich wurde die DDR von Angst vor den Folgen der Entspannung befallen. Außenminister Otto Winzer bezeichnete Egon Bahrs *Wandel durch Annäherung* als »Aggression auf Filzlatschen«. Auch die Sowjetunion stellte fest, dass sie dem Westen gegenüber zum ersten Mal die Initiative verloren hatte. Die Hoffnungen, die in Polen und in der ČSSR daraufhin das Volk beflügelten, führten zu Unruhen, die Moskau bewiesen, dass der Zusammenhalt des östlichen Lagers im Zeichen der Entspannung nur schwer aufrechterhalten werden könne. Darum rollten am 21. August 1968 die sowjetischen Panzer nach Prag.

Als Willy Brandt dann im Oktober 1969 Bundeskanzler wurde, verkündete er als Ziel seiner Politik »enge Zusammenarbeit mit den westlichen Verbündeten, Förderung der westeuropäischen Integration und Verständigung mit dem Osten«. Dann ging es Schlag auf Schlag: im August 1970 Vertrag mit Moskau; im Dezember Vertrag mit Warschau und zwei Jahre später der Grundlagenvertrag mit der DDR.

Time erklärte ihn damals zum Mann des Jahres, der französische Politologe Alfred Grosser sagte, er sei »der einzige große europäische Staatsmann«.

Ein Korrespondent des Londoner *Guardian* hat Brandt einmal gefragt, welche Gedanken und Gefühle ihn beherrschten, als er in Warschau niederkniete. Antwort: »Die Geste sollte für sich sprechen. Sie war nicht geplant. Es geschah einfach. Und ich schäme mich dessen nicht.« Und die Pariser Wochenzeitung *L'Express* schrieb, Willy Brandts Geste des Kniefalls im Warschauer Ghetto sei die einzige Darstellung menschlicher und moralischer Souveränität eines Staatsmannes, die man sich vorstellen könne.

Einige Monate später, bei der Eröffnung der Woche der Brüderlichkeit, kam er noch einmal darauf zurück: »Als ich Anfang Dezember in Warschau stand, lag auf mir die Last der jüngsten deutschen Geschichte, die Last einer verbrecherischen Rassenpolitik. Ich habe dann getan, was Menschen tun, wenn die Worte versagen, und ich habe so – für meine Landsleute mit – der Millionen Ermordeter gedacht. Aber ich habe auch daran gedacht, daß Fanatismus und Unterdrückung der Menschenrechte – trotz Auschwitz – kein Ende gefunden haben.«

Willy Brandt ist es gelungen, ungeachtet vieler Enttäuschungen, mehr humane Regungen und menschliches Verständnis zu bewahren, als dies den Politikern im Allgemeinen möglich ist. Auch ich habe dies einmal zu spüren bekommen:

Bundeskanzler Brandt hatte Siegfried Lenz, Günter Gaus, Henri Nannen und mich 1970 eingeladen, ihn auf der Reise zum Vertragsabschluss nach Warschau zu begleiten. Ich hatte gern zugesagt, denn schliesslich war ich seit vielen Jahren für eine aktive Ostpolitik eingetreten. Aber je näher das Datum rückte, desto ungemütlicher war mir zumute: Zwar hatte ich mich damit abgefunden, dass meine Heimat Osptreußen endgültig verloren ist, aber selber zu assistieren, wie Brief und Siegel darunter gesetzt werden, und dass am Ende noch das unvermeidliche Glas Sekt darauf getrunken wird, das erschien mir plötzlich mehr, als man ertragen kann.

Was tun? Mein Name war mit denen der anderen Mitreisenden genannt worden: wenn ich jetzt absage, könnte dies als eine politische Manifestation angesehen werden und dem Kanzler Ärger bereiten. Ich schob die Entscheidung immer wieder hinaus und schrieb ihm erst im letzten Moment, mit arg schlechtem Gewissen.

Groß war meine Erleichterung, als ich nach seiner Rückkehr aus Warschau einen handgeschriebenen Brief bekam, in dem Willy Brandt sagte, er habe mein Verhalten gut verstehen können. In dem Brief stand auch der Satz: »Was das Heulen angeht: Mich überkam es an meinem Schreibtisch, als ich die Texte für Warschau zurechtmachte. Was ich dann dort und von dort nach hier gesagt habe, ist wohl auch verstanden worden. Ich darf jedenfalls hoffen, dass Sie es verstanden haben und wissen: Ich habe es mir nicht leichtgemacht.«

Keine Bösewichte
PDS: Nicht verteufeln, sondern mitregieren lassen
[1995]

Groß war der Jubel auf beiden Seiten der Mauer, als das trennende Unikum fiel. Heute, sechs Jahre danach, stellt sich heraus, dass die Mauer geistig noch immer die politische Wirklichkeit prägt: Die PDS, Nachfolgerin der SED, erhielt bei der jüngsten Berliner Wahl im Osten 38,2 Prozent. Von 36 Direktwahlkreisen wurden dort 34 vom PDS-Kandidaten erobert.

Warum ist das so? Ein Teil der östlichen Wähler wählte die PDS vermutlich aus Trotz: So schlecht war das alles doch gar nicht, auch wir haben damals viel geleistet; und ein anderer Teil – zu dem 35 Prozent der Erstwähler gehören – tut dies aus Protest gegen die »arroganten Westler« die glauben, alles besser zu wissen.

Was kann man tun, um zu verhindern, dass diese Verärgerung sich verfestigt? Jedenfalls darf man nicht weiter so handeln wie bisher. Man darf die Andersdenkenden nicht als Bösewichte in die Ecke drängen. Schließlich ist die Partei ja nicht verboten. Wir müssen versuchen, die Motive der Wähler zu beeinflussen, »Abtrünnige« heranzuziehen, anstatt sie wegzustoßen. Warum soll die PDS auf Bezirksebene nicht mitregieren?

Und auf Länderebene? Vielleicht wird Mecklenburg-Vorpommern demnächst eine Regierung unter Einschluss der PDS bilden, und in Sachsen-Anhalt hat Ministerpräsident Hoeppner, der mit Duldung der PDS regiert, keine schlechten Erfahrungen gemacht. Eigentlich würde es der PDS recht geschehen, wenn sie in einem Land Verantwortung übernehmen müsste, wenn sie selber mit Arbeitslosigkeit, Überschuldung und anderen Problemen fertig werden müsste, anstatt nur von Ferne mit dem Finger auf Fehler der anderen zu zeigen.

Im Grunde müsste Deutschland mit dem Problem einer Häretiker-Partei besser umzugehen wissen als irgendein anderes Land. Schließlich haben wir viele Jahrzehnte mit Hilfe von Alleinvertretungsrecht und Hallsteindoktrin die DDR ausgegrenzt, und wenn sich der Wunsch nach Entspannung nicht durchgesetzt hätte, wäre es wohl nicht zur Wiedervereinigung gekommen.

Das Resümee jener Erfahrung lautet: Stigmatisieren ist *counterproductive;* Feindbilder erzeugen Bedrohungsängste; emotionale Empörung schädigt die Demokratie. Notwendig sind darum Entemotionalisierung und Pragmatisierung.

SCHATTEN
DER VERGANGENHEIT

Totengedenken 1946
[1946]

Dieser Sonntag, der dem Gedenken der Gefallenen gewidmet war, ist vorübergegangen, ohne dass er sich von anderen Tagen wesentlich unterschieden hätte. Sind es die Sorgen der Gegenwart und die lastende Ungewissheit der Zukunft, die uns das jüngst Vergangene so fern rücken? Oder hat uns die Zeit phrasenhafter Entwertung aller Begriffe mit ihrem hohlen Heldenkult auch noch um das letzte Besitztum betrogen: um die Erinnerung eines Volkes an seine gefallenen Brüder und Söhne?

Mancher mag vielleicht auch denken, warum Christentum nur am Sonntag, warum ein bestimmter Tag des Gedenkens für die, die mit unserm Leben und Denken so eng verwoben sind, dass sie uns auf Schritt und Tritt begleiten – heute viel unlöslicher mit uns verbunden, als je in den Tagen gemeinsamen Alltags.

Wenn wir einmal ganz nüchtern den Sinn dieses Tages überdenken, dann steigt in uns die Erkenntnis auf, dass der Tod auf dem Schlachtfeld zweierlei bedeutet. Einmal das individuelle Sterben eines Menschen, das Herausbrechen seines Lebens aus einem ganz bestimmten Wirkungskreis, aus dem Bereich seiner Familie und seiner besonderen Umgebung, und zum andern jenes Ungreifbare, darüber Hinausgehende, für das es keinen Begriff gibt und das doch in der Vorstellung aller Völker seit der Antike lebendig ist. Unsterblich ist die Rede des Perikles auf die gefallenen Athener, ewig gültig das Wort Heraklits: »Die im Kriege Gefallenen sind bei Göttern geehrt und Menschen«; ungezählt bleiben die Worte der Bibel, die die Völker aller Epochen und Sprachen ihren gefallenen Kriegern zum Gedächtnis in Stein meißelten.

Der Tod auf dem Schlachtfeld ist eben nicht nur die Summe aller sterbenden Krieger und ihres individuellen Todes – er ist mehr. Wenn wir ihn wirklich zu Ende mitdenken, so führt er uns heraus aus den Irrtümern dieser Welt mit all ihren so menschlichen Vorurteilen von Nation und Nationalitäten, von Freund, Feind und Gegner, hinein in jene höhere Welt, in der es nur noch Brüder gibt, die einander alle gleich nah sind. Dort auf dem Schlachtfeld haben sie die Welt des Stückwerks überwunden und stehen nun alle vor Gottes Angesicht in der Welt des Vollkommenen.

Für unsere menschliche Schwäche wird das immer nur fassbar sein durch die Liebe für eben den, um den wir im Besonderen trauern, weil er für uns den Zugang zu jener Welt bedeutet. Vielleicht darum das Wort: »Selig sind die Leidtragenden«; jedenfalls ist darum das Trauern im Sinn des Gedenkens und mit dem Wunsch, den lebendigen Zusammenhang mit den Gefallenen zu erhalten und zu vertiefen, so wichtig. Ihr Tod ist nicht das letzte, was geschah, sondern er ist nur die Verwandlung eines scheinbar zerbrochenen Lebens in der Vollendung seines eigentlichen Wesens, auf einer höheren Ebene und in einem größeren Zusammenhang. So wie es in dem Requiem für einen Freund Rainer Maria Rilkes heißt:

> *Leben ist nur ein Teil ... wovon?*
> *Leben ist nur ein Ton ... worin?*
> *Leben hat Sinn nur verbunden mit den*
> *vielen Kreisen des weithin wachsenden Raumes,*
> *Leben ist so nur der Traum eines Traumes –*
> *aber Wachsein ist anderswo.*

Wir wissen, dass unsere Toten Gott näher sind als wir. Darin liegt nicht nur ein Trost, sondern zugleich auch eine besondere Hoffnung, die aus der Gewissheit wächst, dass etwas von jener Klarheit, in der sie jetzt stehen, auch in unsere unzulängliche Welt hineinreicht und dass sie die Kraft haben, auch unser Leben mit zu verwandeln. Die Gefallenen des Krieges aber haben nicht nur jeder Einzelne für die um ihn Leidtragenden Bedeutung, sondern sie alle zusammen haben in einem besonderen Sinne Bedeutung für ihr Volk und dessen geistige Wandlung.

Wir Spätgeborenen, die wir in den Trümmern einer zusammenstürzenden Kulturepoche aufgewachsen sind, in der sich die alten Ordnungen auflösen und alle überlieferten Werte infrage gestellt wurden, wir stehen mit leeren Händen in einer entzauberten Welt. Opferbereitschaft, Heldentum, Ehre, Treue, das alles ist fragwürdig geworden, leer und schal, weil ein materialistisches Zeitalter diese Begriffe aus dem metaphysischen Zusammenhang, in dem allein ihnen Sinn zukommt, herausgelöst hat. Es nützt nichts, jetzt mit messerscharfem Verstand und skeptischem Herzen prüfen zu wollen, was diese Vernichtung überstanden hat, es ist nicht damit getan, neue Ideale neben die alten oder an ihre Stelle zu setzen, was allein notwendig ist, ist die geistige Wandlung des Menschen. Die Humanitas: das Bild, das der Mensch vom Mensch-Sein hat, muss von Grund auf erneuert werden. Das aber ist eine Forderung, die wir Lebenden aus eigener Kraft nicht zu bewältigen vermögen.

Hier liegt der tiefere Sinn dieses Krieges und der grauen Millionenheere seiner Toten aus allen Ländern und Kontinenten. An uns ist es, in diesem höheren Sinne ihr Sterben fruchtbar zu machen für unser Leben, damit es nicht im Nihilismus untergehe, sondern neu aufgebaut werde aus der Erkenntnis, die das Wissen um ihre Welt der Vollkommenheit hineinträgt in unsere Welt des Stückwerks.

Und darum ist es richtig und notwendig, der Gefallenen gemeinsam zu gedenken, im vollen Bewusstsein der Verantwortung, die dieser Krieg, der alle gleichermaßen betroffen hat, uns Überlebenden auferlegt. Aus solchem Gedenken muss die Kraft erwachsen, Hass in Liebe zu verwandeln und eine neue Ordnung im Geiste der Brüderlichkeit auf den Trümmern einer zerbrochenen Welt zu errichten.

Das »heimliche Deutschland« der Männer des 20. Juli
[1946]

Das deutsche Volk hat in den zwölf Jahren der Hitler-Regierung alle Werte eingebüßt, die in Generationen geschaffen worden waren; es ist nicht nur um seine Zukunft betrogen worden, sondern auch um das Bewusstsein seiner Vergangenheit, um seine Erinnerungen – jene Urkräfte, aus denen alles neue Leben Gestalt gewinnt. Wenn wir zurückblicken und die Geschichte dieser Jahre überschauen, die für die Jüngeren unter uns das Leben ausmachten, dann waren es Enttäuschung, Schuld, Verzweiflung, Ströme von Blut, die uns wie ein unüberwindliches Meer von dem Gestern trennen. Und doch hat es daneben noch etwas anderes gegeben, das viele von uns nicht kennen, weil Hitler dafür gesorgt hat, dass die Erkenntnis von diesem Besitz nicht in das Bewusstsein des Volkes einging. Das ist der Geist des »geheimen Deutschlands«.

In die Millionen geht die Zahl der Juden, Ausländer und diskreditierten Deutschen, die eingekerkert, gequält und liquidiert wurden. Hätte nicht einer von denen, die den vielen Widerstandsgruppen angehörten, den Mut finden können, Hitler zu beseitigen? Die Abwegigkeit dieser Vorstellung wird schon bei der Formulierung der Frage deutlich – es fehlte nicht an Mut, sondern einfach an der Möglichkeit, sie zur Tat werden zu lassen, denn fast unvorstellbar ist das undurchdringliche Netz von Sicherungsmaßnahmen, mit dem Hitler umgeben war. Hieraus folgt, dass man ebenso wenig, wie man an der ernsthaften Bereitschaft derjenigen Gruppen zweifeln kann, die trotz jahrelanger Opposition nie »zum Zuge« kamen, die Tat der Männer vom 20. Juli, die als einzige wirklich handelten, nach dem Erfolg, also nach dem Nichtgelingen ihres Umsturzversuches beurteilen darf. Für die politische Geschichte mag entscheidend sein, dass das Attentat misslang. Für das deutsche Volk und seine geistige Geschichte ist wichtig, dass es diese Männer gegeben hat.

»Eine kleine Clique ehrgeiziger Offiziere« hatte Hitler sie genannt. Das Wort war so stark und das Bild so einprägsam, dass es gelang, mit dieser bewussten Fälschung die Vorstellung der Menschen, vielfach bis zum heutigen Tage, zu formen, sowohl in antifaschistischen wie auch – unter dem Begriff des »Verrats« – in reaktionären Kreisen. Die zehn Monate, die Hitler nach diesem Ereignis zur Vollendung seines Zerstörungswerkes noch blieben, genügten, alles zu vernichten und auszulöschen, was mit jenem Tag im Zusammenhang stand.

So hat das deutsche Volk nie erfahren, dass sich in jener Bewegung noch einmal die besten Männer aller Bevölkerungsschichten, die letzten positiven Kräfte eines völlig ausgebluteten Landes zusammengefunden hatten. Die Not der Stunde, die Verzweiflung über das Ausmaß an Verbrechen, Schuld und Unheil, die der Nationalsozialismus über Deutschland gebracht und weit hinaus in die Welt getragen hatte, führten diese Männer zu einer letzten großen Kraftanstrengung zusammen. Die führenden Persönlichkeiten der Gewerkschaften und der Sozialisten, Vertreter der beiden christlichen Kirchen und jene Offiziere der Wehrmacht, die das eigene Urteil und die Stimme des eigenen Gewissens über den blinden Gehorsam stellten, zahlreiche Vertreter des Adels und des Bürgertums, verantwortungsbewusste Beamte bis hinauf zum Minister und Botschafter, sie alle waren bereit, ihr Leben einzusetzen, um Deutschland von der Verbrecherbande zu befreien, die das Reich regiert. Jahrelang hatte man systematisch an den Plänen der politischen und kulturellen Reorganisation eines befreiten Deutschlands gearbeitet und jahrelang die Vorbereitung für den Umsturz und das Attentat immer wieder hinausschieben und alle Pläne entsprechend der jeweils neuen Situation immer wieder verändern müssen.

Alle Gedanken und Pläne zum Neuaufbau Deutschlands hatten eine gemeinsame Grundlage und stellten in allen Lebensbezirken die gleiche Forderung in den Mittelpunkt: die geistige Wandlung des Menschen, die Absage an den Materialismus und die Überwindung des Nihilismus als Lebensform. Der Mensch sollte wieder hineingestellt werden in eine Welt christlicher Ordnung, die im Metaphysischen ihre Wurzeln hat, er sollte wieder atmen können in der ganzen Weite des Raumes, die zwischen Himmel und Erde liegt, er sollte befreit werden von der Enge einer Welt, die sich selbst verabsolutiert, weil Blut und Rasse und Kausalitätsgesetz ihre letzten Weisheiten waren. Und eben damit waren diese Revolutionäre weit mehr als nur die Antipoden von Hitler und seinem unseligen System; ihr Kampf ist darum neben der aktuellen Bedeutung für das Zeitgeschehen unserer Tage auf einer höheren Ebene der Versuch gewesen, das 19. Jahrhundert geistig zu überwinden.

Die Vorstellung von diesem neuen Deutschland war geboren aus dem Gefühl höchster Verantwortung für das Schicksal des Volkes. Auch wer mit den skizzierten Ideen nicht übereinstimmt, wird die geistige Haltung spüren, die dahinter stand, und die ganze Verwirrung einer Zeit ermessen können, die solche Männer als ehrlose Verräter und Verbrecher hinrichtete. Eines der letzten Zeugnisse ihrer auch durch Kerker und Folterung unveränderten Gesinnung war ein Abschiedsgruß an die Freunde, geschrieben zwischen Verurteilung und Exekution – im Bunker des Volksgerichtshofes im Februar 1945. Sein Schluss lautet so:

»Ach Freunde, dass die Stunde nicht mehr schlug und der Tag nicht mehr aufging, da wir uns offen und frei gesellen durften, zu dem Wort, dem wir innerlich entgegenwuchsen. Bleibt dem stillen Befehl treu, der uns innerlich immer wieder rief.

Behaltet dieses Volk lieb, das in seiner Seele so verlassen, so verraten und so hilflos geworden ist und im Grunde so einsam und ratlos, trotz all der marschierenden und deklamierenden Sicherheit. Wenn durch einen Menschen ein wenig mehr Liebe und Güte, ein wenig mehr Licht und Wahrheit in der Welt war, hat sein Leben einen Sinn gehabt.«

Falkenhausens Gefängnisrekord
[1949]

Der einundsiebzigjährige General von Falkenhausen, ehemals Militärbefehlshaber von Belgien, ist seit fünfeinhalb Jahren ein Gefangener. Seit zwei Jahren sitzt er gefangen in Lüttich. Nicht, weil er dort eine Strafe verbüßt – das ist nicht der Fall, denn er ist nie verurteilt worden, man hat nicht einmal Anklage gegen ihn erhoben –, sondern weil er als Militärbefehlshaber zu der Kategorie »Führerkorps« gehört.

Falkenhausen gehört zu den wenigen Deutschen, die schon zu einer Zeit, da viele spätere Widerstandskämpfer noch mit feierlicher Gänsehaut dem Tag von Potsdam beiwohnten, längst erbitterte Gegner Hitlers waren. Seit 1930 konnte man in Dresden und Umgegend seine warnende Stimme in Vorträgen hören. Im August 1932 versuchte er vergeblich, Schleicher zum Verbot der SA zu bewegen. Nach der Harzburger Koalition trat er aus der Deutschnationalen Partei aus und wenig später, als Seldte den Stahlhelm in die SA eingliederte, auch aus dem Stahlhelm. Schließlich griff er zu, als Marschall Tschiangkaischek ihn aufforderte, in seine Dienste zu treten, er reiste im April 1934 enttäuscht und degoutiert nach China ab – gerade noch rechtzeitig, um nicht das Schicksal seines Bruders zu teilen, der am 30. Juni 1934 ermordet wurde. Aber die Freiheit währte nicht lange. 1938 zwang Ribbentrop ihn zur Rückkehr, mit der Drohung, er werde anderenfalls seine Familie in Sippenhaft nehmen, weil es nicht angehe, dass nach Abschluss des deutsch-japanischen Paktes noch Deutsche private militärische Berater in China seien.

Im August 1938 wurde er eingezogen und im Mai 1940 sorgten einflussreiche und verantwortungsbewusste Offiziere dafür, dass Falkenhausen, sehr gegen seinen Willen, als Militärbefehlshaber in Belgien eingesetzt wurde. Wie viel er diesem Land durch sein unbeirrbares Rechtsgefühl und seine große Menschlichkeit erspart hat, wird am deutlichsten, wenn man die wirtschaftliche Lage Belgiens bei Kriegsende mit derjenigen anderer besetzter Gebiete vergleicht. Für Falkenhausen war diese Zeit ein ständiger Kampf mit Partei, SD und Polizei. Im Dezember 1943 wurde der Kommandant der Gefängnisse in Brüssel von der Gestapo verhaftet, weil er Misshandlungen an Gefangenen gemeldet hatte, und Falkenhausen daraufhin streng eingegriffen hatte. Seine Versuche, die Einführung des zwangsweisen Arbeitseinsatzes in Belgien zu verhindern, die so weit gingen, dass er sich 1944 weigerte, den geschlossenen Jahrgang 1925 auszuheben, führten schließlich dazu, dass er am 14. Juli 1944 seiner Stellung enthoben wurde. Neun Monate ist er von der Gestapo durch viele KZ's und Gefängnisse geschleppt und kurz nach der Befreiung erneut als Kriegsverbrecher verhaftet worden.

Seither sind Jahre vergangen. Falkenhausen ist in sechs verschiedenen Ländern durch 51 Gefängnisse und Lager gewandert. Sein Nachfolger hingegen, der frühere Gauleiter von Köln/Aachen, Grohé, der als Reichskommissar ein wesentlich schärferes Regime in Belgien führte, ist dort längst aus der Haft entlassen.

Vielleicht wird eines Tages in einem menschlicheren Zeitalter geschrieben werden, wie ein Ritter ohne Furcht und Tadel im Gefängnis zu Grunde ging, weil die Menschen verlernt hatten, zwischen Gut und Böse zu unterscheiden.

Sechs Herrenmenschen
[1954]

In Metz sind sechs der angeklagten Lagerleiter und Funktionäre des KZ-Lagers Struthof (bei Straßburg) zum Tode verurteilt worden. Einer jener sechs Männer stand eines Tages während der Verhandlungen auf und sagte: »Wenn ich irgendetwas dafür tun kann, den Hass gegen die Deutschen zu besänftigen, so will ich gern dafür den Tod erleiden.« Der Präsident des Gerichtes entgegnete darauf: »Es stimmt nicht, dass Sie hier als Deutscher sind. Sie sind hier als Verbrecher. Reden Sie sich und andern nicht ein, dass wir hier Deutschland den Prozess machen.« In der Tat sind die Verbrecher, die dort vor dem Metzer Tribunal wie Fernaufnahmen von einem fremden Mond und dessen Grauen erregenden Kreaturen abliefen, so widerwärtig, dass niemand sich wünschen kann, mit ihnen identifiziert zu werden.

Eine lange Kette von Zeugen trat in Metz auf, Deutsche, Franzosen, Norweger, Belgier. Sie berichteten in immer neuen Abwandlungen von immer dem gleichen qualvollen Leben und Sterben, bei dem nur die Todesart variierte. Entweder: Verhungern (neun Zehntel der Umgekommenen sind an Entbehrungen gestorben, ein Zehntel wurde gewaltsam umgebracht), Genickschuss, Gaskammer, Erhängen am Galgen oder an einem der drei großen Fleischerhaken, die im Krematorium angebracht waren, aus dessen Schornstein bei »vollem Betrieb« die Flammen meterhoch schlugen. Aus »Zweckmäßigkeitsgründen« war an dieser Wärmequelle die Wasserheizung angeschlossen, sodass, wenn genügend Leute umgebracht worden waren, heiß geduscht werden konnte. Leben und Sterben unterschieden sich eben im Rahmen des KZ nur dadurch, dass sie verschiedene technische Probleme stellen.

Eines Tages sollte ein deutscher Zeuge, namens Witke aus Hamburg, aussagen. Es war ihm zunächst offenbar peinlich, seine Landsleute vor dem Gericht eines fremden Landes zu belasten, wie jene berichten, die im Gerichtssaal anwesend waren. Aber durch einen der Angeklagten und den Anblick der ehemaligen Folterknechte gereizt, stürzte er sich auf einen von ihnen. Es gab einen großen Tumult im Saal, der von der Polizei geschlichtet werden musste.

Am gleichen Tag sagte der Professor für Geschichte in Oslo, Tharson, über das Schicksal der 504 Norweger aus, die in Struthof interniert waren und von denen die Hälfte starb. Der belgische General de Woussen schilderte, wie er und einige 20 Kameraden nach der Ankunft in Struthof von SS-Leuten und Hunden umgeben, vor dem Galgen standen und auf Einweisung in die Baracken warteten. Plötzlich wurde willkürlich einer der Häftlinge aus dem Haufen herausgegriffen und aufgehängt. »Das Gesicht des Unglücklichen war verzerrt von schrecklichen Grimassen, was der Belegschaft großes Vergnügen bereitete. Nach etwa sieben Minuten schaute Seuss (einer der jetzt Verurteilten) auf seine Armbanduhr und sagte, er ist krepiert, ihr könnt ihn abnehmen. Dann kam ein Mann in weißer Bluse, öffnete den Mund des Leichnams und brach die Goldzähne heraus.«

Und so reiht sich Aussage an Aussage. Nicht *ein* rachedurstiger Zeuge, viele Zeugen, die alle immer wieder beschreiben, wie jene sechs verurteilten Henkersknechte Männer schlugen, die die Anzahl der Schläge laut mitzählen mussten, bis sie ohnmächtig zusammenbrachen, Frauen lebend in die Feuerkammer des Krematoriums stießen und lästige Kinder erschossen.

Ein Häftling musste zur Strafe drei Tage und drei Nächte stehen, ein anderer wurde gefesselt in die pralle Sonne gelegt, und einer der Verurteilten urinierte ihm ins Gesicht. Professor Hirth, der Anatom der Straßburger Universität, schrieb eines

Tages nach Berlin und bat um einige Judenschädel für seine Schädelsammlung. Daraufhin verfügte eine der Himmlerschen Stellen die Einweisung von 87 Juden nach Struthof. Sie wurden dort vergast und ihre Schädel Professor Hirth zugestellt.

Die meisten der Angeklagten sind ganz primitive Menschen, die ihre erste Ausrichtung und Ausbildung in den Totenkopfverbänden der SS bekamen. Einige haben seit 1933/1934 zunächst als Wachmannschaften, dann als Lagerführer immer nur in der KZ-Atmosphäre gelebt. Viele haben, wie sich herausstellte, während des ganzes Krieges nie andere Kugeln pfeifen hören als die, mit denen sie ihre Opfer ins Jenseits beförderten, sie kannten nur die Denk- und Lebensweise des KZ, hielten die Vorstellung vom Herrenmenschen und dem auszumerzenden »Untermenschen« für die einzig echten Kategorien, und nach Jahr und Tag hatten sie schließlich den Häftlingen gegenüber nur noch die Reaktionen des Schlächters in einem Schlachthaus, der ja auch nicht mehr »empfindet«, dass er ein Tier tötet.

Einer der Verurteilten hielt seinen siebenjährigen Sohn dazu an, die Vorübermarschierenden mit Steinen zu bewerfen, damit er sich frühzeitig daran gewöhne, dass Häftlinge keine Menschen seien. Es war der gleiche, der, wenn er in der rechten Laune war, irgendeinem Häftling seines Trupps die Mütze vom Kopf riss, sie weit wegwarf und dem Betreffenden dann befahl, sie sich wiederzuholen. Da das Verlassen von Reih und Glied als Fluchtversuch galt, erschoss er ihn dann befehlsgemäß.

Solche Leute, wie jene sechs Lagerführer und 43 weitere, die in Abwesenheit zum Tode verurteilt wurden, gibt es wahrscheinlich zu allen Zeiten. Aber dass aus solchen potenziellen Verbrechern nicht nur Gelegenheitsverbrecher werden, sondern dass man sie in die vermeintliche »Elite« als Führer eingliedert und ihnen unbeschränkte Macht gibt, das allerdings ist nur in totalitären Regimen möglich, die ihre eigene »Weltanschauung« an die Stelle ewig gültiger Gesetze setzen. Sind diese erst einmal preisgegeben, dann stellen sich rasch neue Vorstellungen ein über das, was lebenswert und todeswürdig ist.

Die Verurteilten haben immer wieder darauf hingewiesen, dass sie auf höheren Befehl gehandelt haben und dass sie selbst erschossen worden wären, wenn sie nicht, wie ihnen befohlen, gemordet, geschlagen und gefoltert hätten. Mag sein. Aber ist es wirklich so viel leichter, in Stalingrad zu sterben – was zweifellos jeder von ihnen, wäre er dort eingesetzt worden, ohne zu klagen, getan hätte–, als sein Leben zu lassen, um nicht zum Verbrecher zu werden? Denn die Möglichkeit zwischen Gut und Böse zu unterscheiden, die kann man den Menschen doch wohl nicht absprechen.

RITT GEN WESTEN

Ritt gen Westen
[1946]

20. März 1945: »Ankunft in V.« steht in meinem Notizbuch. Ein Jahr ist das nun schon her, seit ich in Vinsebeck, einem kleinen Ort in Westfalen, ankam, um dort mein braves Pferd, das mich treu und nimmermüde von Ostpreußen in den Westen getragen hat, in einem Gestüt bei Freunden einzustellen.

Am 21. Januar hatten wir uns zusammen auf den Weg gemacht, spät am Abend durch einen von den Ereignissen schon fast überholten Räumungsbefehl alarmiert und von dem immer näher rückenden Lärm des Krieges zur Eile getrieben. In nächtlicher Dunkelheit die Wagen packen, die Scheunentore öffnen, das Vieh losbinden – das alles geschah wie im Traum und war das Werk weniger Stunden.

Und dann begann der große Auszug aus dem gelobten Land der Heimat, nicht wie zu Abrahams Zeiten mit der Verheißung, »in ein Land, das ich dir zeigen werde«, sondern ohne Ziel und ohne Führung hinaus in die Nacht.

Aus allen Dörfern, von allen Straßen kommen sie zusammen: Wagen, Pferde, Fußgänger mit Handwagen, Hunderte, Tausende; unablässig strömen sie von Nord und Süd zur großen Ost-West-Straße und kriechen langsam dahin, Tag für Tag, so als sei der Schritt des Pferdes das Maß der Stunde und aller Zeiten.

Fremd sind die Flieger am Himmel, fremd das Donnern der Geschütze und fremd das Lärmen der Panzerketten, die an uns vorüberrasseln. Schritt für Schritt geht es weiter durch die eisigen Schneestürme des Ostens. Die Nächte gehen dahin auf den Landstraßen an Feuern oder in den Scheunen verlassener Höfe, und der dämmernde Morgen bringt immer das gleiche Bild. Kinder sterben, und Alte schließen die

Augen, in denen angstvoll die Sorgen und das Leid von Generationen stehen.

Woche um Woche verrinnt. Hinter uns brandet das Meer der Kriegswellen, und vor uns reiht sich Wagen an Wagen in endloser Folge – es gibt nur noch den Rhythmus des Pferdeschrittes, so wie er unbeirrt durch die Jahrtausende gegangen ist. Ist es der Auszug der Kinder Israel, ist es ein Stück Völkerwanderung, oder ist es ein lebendiger Fluss, der gen Westen strömt, gewaltig anwachsend – »Bruder nimm die Brüder mit«? Aus allen Ländern und Provinzen, durch die der Fluss sich wälzt, streben sie ihm zu, neue Ströme von Wagen und Menschen. Die Dörfer bleiben verwaist zurück, in Pommern, in der Mark und in Mecklenburg, und der Zug wächst, und die Kette wird immer länger; längst fahren zwei und drei Fahrzeuge nebeneinander und sperren die ganze Breite der Straße. Aber was tut es, sie haben alle den gleichen Weg – gen Osten fährt keiner mehr. Nur die Gedanken gehen täglich dorthin zurück, all diese vielen herrenlosen Gedanken und Träume. Niemand spricht, man sieht keine Tränen und hört nur das Knarren der allmählich trocken werdenden Räder.

Viele Marksteine der östlichen Geschichte standen an dem endlosen Wege. Die Marienburg, das Schloss Varzin, die Festung Kolberg; Nogat, Weichsel, Oder und Elbe haben wir überquert, und allmählich, Eis und Schnee zurücklassend, ziehen wir mit dem aufblühenden Frühling durch das Schaumburger Land; und nun ist auch langsam der Strom der wandernden Flüchtlinge verebbt und irgendwo in neue Häfen und enge Stätten der Zuflucht eingemündet.

Ich bin schließlich ganz allein mit dem braven Fuchs bei Rinteln über die Weserbrücke geritten, vorbei an Barntrup, einem kleinen Städtchen, aus dessen Mitte ein schönes Renaissanceschloss emporsteigt. Vor mir liegt ein bewaldeter Höhenzug, und dahinter muss auch bald das Ziel unserer Reise zu finden sein. Wie die Slalomspur eines Schiläufers ist der Weg in großen Schleifen in den Buchenhang eingeschnitten, über dem schon ein leiser Schimmer von Grün liegt. Wir steigen gemächlich bergan, es ist ein schöner Vorfrühlingstag, die Drosseln schlagen, und ein sanfter Wind treibt die Wolken über die warme Frühlingssonne.

Plötzlich, als wir in die letzte Kurve der Straße einbiegen, steht droben auf dem Kamm eine einsame Gestalt, wie ein Monument vor dem hellen Himmel. Seltsam fremd in dieser Landschaft und doch auch wieder vertraut: das Bild eines alten Mannes, grau, verhungert, abgerissen in seiner Kleidung, auf dem Rücken einen Sack, der die letzte Habe birgt, in der Hand einen Stab – so steht er wie einer jener Hirten, die zu Homers Zeiten ihre Schafe weideten, und sieht mit weltverlorenem, zeitlosem Blick in die blaue Weite des Tals. Mir kommt das Bild des Rilkeschen Bettlers auf dem Pont Neuf in den Sinn:

Der blinde Mann, der auf der Brücke steht,
grau wie ein Markstein namenloser Reiche,
er ist vielleicht das Ding, das immer gleiche,
um das von fern die Sternenstunde geht.

Ich wage nicht, ihn zu stören, und grüße ihn nur, wie man ein Kreuz grüßt, das am Wege steht, voller Ehrfurcht und nicht Antwort heischend.

Und dann bietet sich mir ein unfassliches Bild: den Berg herauf, uns entgegen, kommen sie gewandert, viele solcher Gestalten, manchmal zwei oder drei, die gemeinsam ziehen und das Los der Landstraße miteinander teilen, aber meist sind es Einzelne, durch den Krieg nicht nur der Habe und der Zuflucht beraubt, sondern auch der tröstlichen Gemeinschaft vertrauter Menschen. Grau, elend, abgehärmt sind ihre Gesichter, voller Spuren angsterfüllter Bunkernächte, aber aus ihren Augen ist die Furcht längst geschwunden, stumpfe Hoffnungslosigkeit ist eingezogen.

Ist das noch Deutschland, dieses Fleckchen Erde, auf dem sich Ost und West begegnen, ratlos, ohne Heimat und Ziel, zusammengetrieben wie flüchtendes Wild in einem Kessel? Ist dies das »tausendjährige Reich«: ein Bergeskamm mit ein paar zerlumpten Bettlern darauf? Ist das alles, was übrig blieb von einem Volk, das auszog, die Fleischtöpfe Europas zu erobern? Wie klar und deutlich ist die Antwort zu lesen: »Denn wir haben hier keine bleibende Statt, aber die zukünftige suchen wir.«

Dies ist der erste Artikel, der von Marion Dönhoff in der ZEIT erschienen ist.

Menschen im Abteil
[1947]

Jede Eisenbahnfahrt ist ein Erlebnis. Nicht nur, weil man immer von neuem darüber staunt, wie viele Menschen in einen Waggon hineingehen und wie mannigfaltig die Variationsbreite der verschiedenen Temperamente ist – also nicht nur wegen dem, was drinnen im Wagen vor sich geht, sondern auch in Bezug auf das, was draußen vorüberzieht. Wobei dies nun wirklich eine optische Täuschung ist, denn das »Draußen«, das Fremde in dem objektiven Bild der Landschaft, sind ja doch zweifelsohne die Reisenden beziehungsweise der Zug. Wahrscheinlich liegt es an diesem Subjekt-Objektwandel, dass mich Eisenbahnfahren immer traurig macht. Es ist etwas Merkwürdiges, wenn aus dem, was eigentlich das Leben ist, eine Landschaft wird, die an einem vorbeigleitet mit Stoppelfeldern, Kartoffelfeuern und weidendem Vieh – flüchtige Bilder, die man nicht festhalten kann und für die man selber nur ein Fremdling ist.

Dieser schon herbstliche Nachmittag mit dem südlich blauen Himmel des bayerischen Vorgebirges ist von einer seltsamen Wehmut umwoben. Eine alte Frau klagt mit monotoner Stimme über die Ungastlichkeit dieses Landes, in das der Bombenkrieg sie verschlagen hat; sie träumt von ihrer Heimat, dem Ruhrgebiet, wo ihr Mann ein kleines Häuschen hatte mit einem Garten, in dem im Herbst die Dahlien blühten. Dreißig Jahre hatten sie beide gearbeitet, und als dann der Traum ihres Lebens Wirklichkeit geworden war, kam der Krieg und die Bombenangriffe, und ein Schutthaufen war alles, was von den Leiden und Freuden dieses Lebens zurückblieb. Niemand antwortet, die Mitreisenden hängen alle ihren eigenen Gedanken nach.

Die Buchenwälder verfärben sich schon, und einzelne Birken stehen lichtgelb neben den roten Vogelbeeren. Plötzlich höre ich die Stimme des jungen Polen von gegenüber fragen: »Du auch Heimweh?« Ich bin ganz betroffen von so viel Hellsichtigkeit und er fügt hinzu: »Bei uns die Wälder jetzt auch schön.« Damit lassen wir es im Wesentlichen bewenden, denn die Gewissheit unserer Brüderlichkeit ist tiefer als der Sprachschatz und lässt sich nur noch mit einer Zigarette bekräftigen. Merkwürdig, zu denken, dass niemand nach Haus kann, wir nicht, weil unser Land so klein geworden ist, und er nicht, obgleich das seine soviel größer und geräumiger geworden ist. Es tut mir jetzt Leid, dass ich beim Einsteigen gedacht habe, ob wohl der Vorbesitzer seiner Jacke, die aussieht, als habe sie bessere Tage auf Golfplätzen und internationalen Turnieren gesehen, ihretwegen sein Leben vielleicht hat lassen müssen. Überhaupt sind plötzlich alle Aspekte verändert, und alle Mitreisenden erscheinen mir irgendwie liebenswert.

Da ist zum Beispiel noch eine auffallende ältere Dame, eine Wienerin, die trotz ihrer abgerissenen Kleidung und einem Sack als einzigem Gepäckstück etwas unglaublich Souveränes hat. Sie spricht leise und scheu, eigentlich mehr zu sich selbst als zu ihrem Gegenüber, und ihre Gesten sind wie die einer großen Künstlerin. Ich muss an jene Frau denken, von der Rilke spricht, die jeden Tag um eine bestimmte Stunde im Jardin Luxembourg in einem grünen Kleide saß, jahraus, jahrein und auf ihren verschollenen Geliebten wartet. Sicher ist sie ihr ähnlich gewesen. Sie kommt aus einem tschechischen Lager, und man muss dankbar sein für ihren Entschluss, uns nichts zu erzählen von dem, was sie erlebt hat. Jetzt fährt sie zu ihrem Mann, der in einem Dorf im Allgäu Zuflucht gefunden hat, und ist wie ein Kind, verwundert und beglückt über die Berge und die Hilfsbereitschaft der Menschen. Sie hat ihren Mann zwei Jahre lang nicht gesehen – »zwei Jahre, und ich hätte früher nie gedacht, dass ich eine Trennung überleben könnte, die länger als ein Tag wäre. Manchmal bin ich heimlich in die Akademie gegangen, wo er arbeitete, nur, um ihn einmal über den Flur gehen zu sehen, weil es mir so unerträglich lang schien bis zu seiner Rückkehr«. Und dann macht sie zahllose Pläne, wie sie es anstellen könne, ihn durch ihr unvorhergesehenes Erscheinen nicht zu erschrecken. Sie plant, verwirft und prüft von neuem. Vielleicht könnte sie von der Bahn einen Boten über Land schicken, der ihm bestellt, ein Herr aus Wien sei auf der Bahn und möchte ihn sprechen? Bedenken bei ihrem Gegenüber: »Wer sollte wohl so spät am Abend acht Kilometer über Land gehen?« – »Bezahlen?« – »Für Geld tut hier keiner was.« – Sie sieht ganz hilflos aus bei diesen Einwendungen, und alle Beteiligten sind ebenfalls ratlos gegenüber soviel Weltfremdheit. Vielleicht ist es die allgemeine Ratlosigkeit, die diese seltsame Atmosphäre der Gemeinsamkeit erzeugt.

Was heißt eigentlich »Weltfremdheit«, frage ich mich. Ist diese merkwürdige Frau, die mit der so genannten Realität so wenig vertraut ist, der Wirklichkeit nicht viel näher als die andern, die sich »mitten im Leben« meinen?

Und woher kommt es, dass diese Summe von Sorgen, Kummer und Heimweh, die der Zufall in den gleichen Waggon gepackt hat und die gewöhnlich sehr rasch eine Atmosphäre von Gereiztheit und Rücksichtslosigkeit erzeugt, menschlich angesprochen, plötzlich das ihnen allen Gemeinsame und sie Verbindende entdeckt?

Vielleicht würde die Welt und die Menschen ein anderes Gesicht bekommen, wenn nicht immer nur gesagt würde, wie die wirklichen Menschen sind, sondern wenn sie es öfter erfahren würden an ihren Nächsten oder an sich selber.

Brief aus dem Nichts
[1949]

Vor ein paar Tagen brachte mir der Postbote einen seltsamen Brief. Er lag auf meinem Schreibtisch, als ich abends nach Hause kam, und ehe ich ihn noch in die Hand genommen und den Poststempel mit dem überraschenden Datum 21. 2. 1945 näher betrachtet hatte, spürte ich diese eigenartige und schwer zu beschreibende Schrecksekunde, wie man sie wohl empfindet, wenn plötzlich im Dunkeln eine Gestalt auf einen zutritt. Es war ganz deutlich spürbar, irgendetwas Merkwürdiges, Gespensterhaftes war mit diesem Brief.

Er steckte in einem jener armseligen hellgrünen Briefumschläge, wie sie während der Kriegsjahre üblich waren, mit einem Feldpoststempel darauf und einem zweiten Stempel daneben, auf dem in rotem Druck zu lesen stand: »Weiterleitung durch Kriegsverhältnisse verhindert.« Ja, die Deutsche Reichspost war immer eine gut funktionierende Behörde und hielt auf Ordnung. Und als sie schließlich in dem allgemeinen Chaos ihre Pflicht nicht mehr erfüllen konnte, weil die Heimat zum Schlachtfeld geworden und eine Beförderung nicht mehr möglich war, da drückte sie im Donner der feindlichen Geschütze wenigstens noch einen Stempel auf die Briefe, die ihren Adressaten nie mehr erreichen sollten: »Weiterleitung durch Kriegsverhältnisse verhindert« – gewissermaßen zu ihrer eigenen Entlastung tat sie das und triumphierte damit über das allgemeine Chaos.

Merkwürdig, wie so ein verspäteter, verblichener Feldpostbrief wie ein Zauberstab alles um sich herum verändert – Zeit und Raum schienen verwandelt, alles war mit einem Mal wieder da, so präsent, als sei es lebendige Gegenwart: jenes allmorgendliche fieberhafte Durchblättern der Post auf der Suche nach einem hellgrünen Feldpostbrief, die vielfältige, oft sich durch Wochen täglich wiederholende Enttäuschung und die beglückende Entspannung, wenn er dann schließlich eines Tages da war. Und dann sofort der angstvolle Blick auf das. Datum des Poststempels und die sorgenerfüllte Berechnung: fünf Tage – vierzehn Tage – drei Wochen unterwegs, was konnte inzwischen alles geschehen sein?

»Varzin, Pommern, Februar 1945«, so begann der Brief. Varzin ... wie viele Erinnerungen der preußischen Geschichte sind mit diesem Platz verbunden, der nach 1866 Bismarcks Heimat wurde. Für mich wird es immer die Erinnerung an den endgültigen Abschied von der Weite des Ostens sein, als ich an einem Spätnachmittag, Anfang Februar jenes Jahres, durch den leicht ansteigenden Park heranritt zum Schloss Varzin, um meinem müde gewordenen Pferd Erholung in einem richtigen Stall zu gönnen. Vierzehn Tage war es damals schon unterwegs, und das Futter war oft knapp gewesen. Pommern im Februar 1945 ... wie viele Bilder gewinnen wieder Umriss und Farbe! Wochenlang war ich mit dem unabsehbaren Millionenheer unbekannter und namenloser Flüchtlinge über die pommerschen Straßen gezogen, und viele der damaligen Gedanken wurden nun wieder lebendig bei der Lektüre dieses Briefes, der die letzte Phase der allgemeinen Auflösung im Osten schilderte.

Was ist Wirklichkeit, so fragt man sich wohl – jenes Chaos damals, in dem die Landstraße und der Wechsel von Tag und Nacht und das Gefühl des Preisgegebenseins die einzige Realität waren, oder das pseudobürgerliche Leben von heute, in dem vor jedem besseren Café wieder Palmentöpfe stehen? Nie würde es jenes verlogene bürgerliche Leben wieder geben – so hatte man damals gemeint, und fast lag eine gewisse Hoffnung in dem Gedanken, dass, wenn es nie mehr so sein würde, es doch die Möglichkeit gäbe, eine neue, wesentlichere Welt aufzubauen, zusammen mit all jenen, die nicht nur am Rand des Abgrunds gewandelt waren, sondern die tief unten von seinem Grund heraufgeschaut hatten. Wie sollte es denn möglich sein, und wer könnte auch nur den Wunsch haben, noch einmal eine Welt zu restaurieren, die so vollkommen zu Bruch gegangen war? Es stimmte ja nichts mehr – die Kategorien nicht und die Wertung nicht und gar nichts. So dachte man damals, vor knapp fünf Jahren.

Und dann dachte man, dass es nun immer so sein würde, dass all diese Fremden, mit denen man des Wegs zog und bei denen man einkehrte, ehe sie wenige Tage später sich selbst aufmachen mussten, Brüder bleiben würden. Hatte nicht jeder, der noch etwas Wärmendes oder Essbares abzugeben hatte, mit dem, der fror oder Hunger hatte, geteilt? Niemand sagte damals »Sie« zum andern – Seid ihr müde? Wo kommt ihr her? So lauteten die Fragen. Das war vor knapp fünf Jahren. Wer fragt heute noch: Seid ihr müde? Habt ihr Hunger? Und doch kommen sie noch immer gewandert, vom Osten her über die endlosen Straßen.

Glückliche Zufälle
[1999]

Ich weiß wirklich nicht, wie man für eine solche Ehre danken kann – für eine solch einzigartige Ehre. Preise und Preisträger aller Art gibt es viele, aber von einer demokratischen Bürgervertretung zum Ehrenbürger ernannt zu werden – in Hamburg waren es seit 1813 nur dreißig, denen diese Ehre zuteil wurde – das ist ein beschwingendes Gefühl.

Ehrenbürger in Hamburg, dieser noblen Stadt, die mit Recht stets liberal, offen, republikanisch genannt wurde, das ist etwas ganz Besonderes. Ein Beweis für die Liberalität? Um 1800 war Hamburg die Stadt mit der größten jüdischen Gemeinde, die in Deutschland existierte, aber es gab kein Ghetto.

Für mich ist die Liberalität besonders deutlich geworden, seit mir ein Leser vor ein paar Tagen schrieb, dass es um die Jahrhundertwende Adligen verboten war, in Hamburg Grundbesitz zu erwerben. Wenn heute eine Adlige zur Ehrenbürgerin ernannt wird, dann muss man doch feststellen, dass die Liberalität in staunenswerter Weise gewachsen ist.

Die Hanse-Stadt hat sich zu allen Zeiten nicht nur der eigenen Interessen, sondern dem ganzen Bundesstaat verpflichtet gefühlt. Mein Großvater war 1848 Vertreter Preußens im Deutschen Bundestag in Frankfurt. In seinen Briefen und Tagebüchern hat er stets über die vielen Querulanten geklagt, die jede vernünftige Lösung unmöglich machen: Mal sei es das große Österreich, mal das kleine Detmold – nur zwei Vertreter waren in seinen Augen eine Ausnahme, der immer hilfreiche und Kompromissen stets zugängliche Bürgermeister Sieveking für Hamburg und Bürgermeister Curtius für Bremen.

Als ich 1945, 100 Jahre, nachdem der Großvater diese Feststellung traf, mein erstes Leben in Ostpreußen hinter mir ließ, und das zweite Leben in Hamburg begann, da war diese Stadt ein riesiger Trümmerhaufen. 80 Prozent aller Wohnungen waren total zerstört, der Hafen tot, 90 Prozent aller Kai/Schuppen und 80 Prozent aller Kräne in Trümmern, man sah kein Schiff auf der Elbe, nur die Schornsteine gesunkener Schiffe ragten aus dem Wasser. Die Leiter fast aller Verwaltungsstellen waren von der Besatzungsmacht abgesetzt worden, nichts funktionierte, es gab nichts zu essen und kein Heizmaterial. Wenn ich schreiben musste, legte ich mich mit Mütze, Schal und Handschuhen ins Bett – sonst war es nicht auszuhalten. Ich habe also die Auferstehung Hamburgs von der Stunde Null an bis zur Wiedererstehung miterlebt.

Da so viele Bürger bereit sind, mir, einem ihnen persönlich meist unbekannten Menschen die große Auszeichnung der Ehrenbürgerschaft zuzuerkennen, dachte ich, ich sollte ein paar Bemerkungen zur Person machen.

Mein Leben ist immer und ausschließlich von Zufällen – großen und kleinen – bestimmt worden. Ich habe nie etwas geplant. Ein für mich existenzieller Zufall war es, dass das Gestapo-Auto, das mich nach dem 20. Juli 1944 holen sollte, unterwegs zusammenbrach. Dies hatte zur Folge, dass unser Forstmeister, der zugleich Ortsgruppenleiter war, die beiden abholen musste. 40 Kilometer hin und 40 Kilometer zurück, das dauerte lang. Es wurde spät. Darum haben die ungeladenen Gäste bei ihrem Retter erst einmal zu Abend gegessen und entsprechend viel getrunken. Der Forstmeister, der von meinen Aktivitäten nichts ahnte, hat mich offenbar in sehr freundlichen Farben geschildert und im Gegensatz dazu den Onkel, der am gleichen Ort wohnte und der ein Duzfreund des Gauleiters Erich Koch war, eher negativ dargestellt.

Der Onkel wohnte im Schloss, hatte aber nichts zu sagen, weil die Verwaltung in meinen Händen lag, was ihn so ärgerte, dass er der Postfrau den Auftrag gegeben hatte, die Namen aller Adressaten meiner Briefe zu notieren. Wenn auch naturgemäß nichts Verfängliches in den Briefen stand, gab es dadurch doch eine Liste, auf der Namen wie York, Moltke, Schulenburg verzeichnet waren. Mit diesem »Beweis« reiste der Onkel nach Königsberg zum Gauleiter, und dieser sandte seine Funktionäre, um mich zu verhaften.

Die aber waren verwirrt durch die nächtlichen Gespräche und beschlossen am nächsten Morgen erst einmal den Inspektor und alle Angestellten zu vernehmen. Als sie beim alten Kutscher Süss angelangt waren, sagte der: »Der Graf hat mir ja gesagt, wenn Sie mir fragen, soll ich berichten, dass ich die mit den Namen immer zur Gräfin Marion gefahren habe; aber wie kann ich das, die Herres stellen sich mir ja nicht vor.«

Eine solche Zeugenbeeinflussung erschien selbst den Gestapisten verwunderlich. Als ich dann in Königsberg ihrem Chef vorgeführt wurde, hatten sie diesen offenbar schon orientiert, denn er war überraschend freundlich. Nach zweistündigem Verhör, ich dachte gerade, eigentlich ist es ganz gut gelaufen, fragte er mich: »Wann haben Sie Schulenburg zuletzt gesehen?« Meine Antwort: »In Berlin (mit Betonung auf Berlin) habe ich ihn vor einem Jahr gesehen.«

Ich merkte seinen Augen sofort an, dass ich dies nicht überzeugend herausgebracht hatte – drum sah ich äußerste Aufrichtigkeit als einzigen Ausweg: »Ich habe eben nicht die Wahrheit gesagt«, erklärte ich, »aber ich dachte, wenn ich sage, er war vorige Woche hier bei mir, dann meinen Sie, Ihr Verdacht sei bestätigt.« Das gefiel ihm, so schien es mir. Am Schluss sollte ich unterschreiben, aber zuvor sagte er: »Wollen Sie noch etwas hinzusetzen?« »Ja, was denn?« fragte ich ganz dumm. Antwort: »Zum Beispiel etwas über Ihren Onkel.« Da ging mir ein Licht auf.

»Dieser Onkel«, erklärte ich, »hat mit meiner Familie in drei Instanzen bis zum Reichsgericht prozessiert und immer verloren. Ich nehme an, dass dies jetzt ein Akt persönlicher Rache ist.« »Dann fahren Sie nun mal nach Hause, wenn wir

Sie brauchen, lassen wir es Sie wissen.« Ich glaube nicht, dass auch nur einer meiner Freunde, die alle hingerichtet worden sind, so glimpflich behandelt wurde. Das hatte ich nur dem Zufall des zusammengebrochenen Autos zu verdanken.

Als ich mich sechs Monate später, im Winter 1945 in Ostpreußen aufmachte und mit 100 000 anderen Flüchtlingen gen Westen zog, hatte ich mein Reitpferd bestiegen, um zu versuchen, den sehr langen Treck zusammenzuhalten. Als Handpferd hatte ich eine sehr gut gezogene Stute, die ich nicht zurücklassen wollte, neben mir am Zügel.

Sehr bald stellte sich heraus, dass dies ein hoffnungsloses Unternehmen war: die Stute sperrte sich und ließ sich ziehen wie ein Kalb, das zum Schlächter geführt wird. Was tun? Umkehren? Den Treck verzweifelter Leute sich selbst überlassen? Unmöglich. Die Stute einfach laufen lassen? Unmöglich. Während ich noch überlegte, drängte sich plötzlich ein Soldat durch das Getümmel – er hatte unbegreiflicherweise als einziges Fluchtgepäck einen Sattel unter dem Arm – und fragte, ob er das Pferd reiten dürfe. Ich stimmte beglückt zu.

Er stieg auf, und wir ritten ein paar Tage nebeneinander in dem nie abreißenden Strom von Fußgängern, Leiterwagen und klapprigen Autos. Bis plötzlich ein Offizier wie ein Fels im Meer in der Mitte des Stromes stand und meinen Begleiter anherrschte: »Was, Urlaub, das gibt es nicht! Sofort absteigen.«

Da war ich nun wieder allein mit meinem Problem. Es gelang mir nur für ein paar Stunden, die Stute mitzuziehen. Als ich gerade wieder einmal ganz ratlos war, hörte ich plötzlich in der Dämmerung meinen Namen rufen und sah Georg, den Sohn des Forstmeisters, erschöpft in der Menge stehen. »Los, schnell, steig auf!« Und dann ritten wir wochenlang nebeneinander und kamen alle vier wohlbehalten im Westen an. Im Westen begann neue Ratlosigkeit. Ich verwendete meine Zeit darauf, für den Chef der britischen Besatzungszone ein Memorandum zu verfassen, das erklären sollte, wie alles gekommen war und was nun geschehen müsse. Da ich im Widerstand aktiv gewesen war, hatte ich, wie es damals hieß, einen »clear record« und konnte mir also leisten, den Wing-Commander mit Ratschlägen zu belästigen.

Den Wing-Commander hat mein Memorandum mit Sicherheit nie erreicht, aber auf eine mir unerklärliche Weise geriet es wiederum durch einen glücklichen Zufall in die Hände der vier Leute, die gerade die Lizenz zur Herausgabe der *ZEIT* erhalten hatten. Sie fanden offenbar meine Argumente einleuchtend und den Stil gut; so erhielt ich ein Telegramm, ich solle nach Hamburg kommen, um über Mitarbeit zu verhandeln. Das Verhandeln dauerte eine halbe Stunde und ich war fest angestellt.

Wenn ich damals gewusst hätte, dass dies eine Bindung über 50 Jahre sein würde, dann wäre es für mich vermutlich ein Anlass gewesen, zum ersten Mal dem Zufall in die Speichen zu fallen.

Wie ich Janssen zu Gesicht bekam
[1999]

Ich kannte Zeichnungen von Horst Janssen längst, ehe ich den talentierten Autor selbst zu Gesicht bekam. Zu Gesicht bekam ist wirklich der richtige Ausdruck, denn kennen gelernt habe ich ihn nie. Und das kam so:

Eines Tages – es mag in den siebziger Jahren gewesen sein – kam jemand in der ZEIT auf den Gedanken, es wäre ideal, wenn wir für eine bestimmte Geschichte eine Illustration von Janssen bekommen könnten. Mir fiel es zu, ihn dafür zu gewinnen, was ohne Schwierigkeiten gelang.

Wir schwätzten noch ein bisschen am Telefon, schließlich sagte ich: »Ist es nicht absurd, da leben wir nun seit zwanzig Jahren oder länger in derselben Stadt und haben uns noch nie getroffen ...« – »Wissen Sie was«, sagte er, und er schien ganz begeistert von seinem Einfall, »es ist so originell, wir sollten es dabei lassen.« Und so wurde es beschlossen.

Nach diesem Gespräch bekam ich alleweile, manchmal jede Woche, einen Zettel oder auch einen Brief von ihm, der stets mit der Anrede begann. »Mylady«. Gelegentlich brachte ein Bote auch ein Geschenk – eine Skizze oder eine Radierung. Das ging so über längere Zeit.

Dann besuchte mich eines Tages mein Neffe Hermann Hatzfeldt, der an Kunst und allem Künstlerischen sehr interessiert ist. Er sagte, es würde für ihn eine große Freude bedeuten, einmal Horst Janssen zu besuchen. Ich rief Janssen an, und nach einer Vorbemerkung über unsere doch lang zurückliegende Vereinbarung fragte ich, ob wir zwei – er wohnte ganz nah von mir – herüberkommen dürften, um ihn in seinem Atelier zu besuchen.

Erschrockene Stille auf der anderen Seite, dann hörte ich ihn mit ganz veränderter Stimme sagen: »Ich muss überlegen, ob das geht.« Eine Stunde später rief er an und sagte: »Nein, es geht nicht – es geht wirklich nicht.«

Das war das Letzte, was ich von ihm hörte.

Helmut Bleks
[1998]

Ich wurde neulich gefragt, wer mir von allen Menschen, denen ich in meinem langen Leben begegnet bin, am meisten imponiert hat. Ohne einen Moment zu zögern, wusste ich: »Helmut Bleks in Namibia«. Frage: »Warum?« Antwort: »Weil er mit unermüdlicher Energie und nie erlahmender Intensität Gutes und Nützliches tut – nicht um irgendeiner Rendite willen, sondern allein aus Freude am Helfen, wo Not ist, und aus Liebe zu seinen schwarzen Kindern«.

Eigentlich war er ein Manager. Er saß im Vorstand eines großen Industrieunternehmens in Bochum. Aber eines Tages bekam er einen Herzinfarkt und beschloss auf Anraten des Arztes, seinen Beruf an den Nagel zu hängen und ein neues, ruhigeres Leben zu beginnen.

Helmut Bleks und seine ebenso beschaffene Frau gingen auf Reisen und blieben in Windhoek hängen. Er kaufte eine Farm, vielmehr ein großes Farmgelände: 6000 Hektar hügelige Steppe mit struppigen Akaziensträuchern bestanden – ohne Gebäude. Sogleich begann er, die Voraussetzungen für einen Farmbetrieb zu schaffen. Sehr bald aber entdeckte er, dass es quer durch den ganzen Kontinent, von Windhoek bis Swakopmund, keine einzige Schule für schwarze Kinder gibt, denn dort sind nur Farmen und keine Dörfer. Das sollte bei ihm anders sein.

Mit diesem Entschluss begann ein unaufhaltsamer Prozess – unaufhaltsam, weil der Motor: Helmut Bleks nie Ruhe gibt. Vor 25 Jahren, 1973, hatte er den ersten Lehrer angestellt, der unter einer Schirmakazie die 20 um ihn herum hockenden Kinder unterrichtete. Heute gibt es dreißig Lehrer, darunter vier Weiße für die Fachschulen und 500 Schüler in der zehnklassigen Hauptschule. Auf dem Gelände standen damals 10

Gebäude, heute sind es über 70, darunter eine so genannte Buschklinik, in der monatlich 300 bis 350 Patienten behandelt werden, Werkstätten für Schneiderei, Weberei und Lederwaren, sowie eine Lehrstätte, in der Mädchen für das Hotelgewerbe ausgebildet werden. Alle Gebäude sind mit ehemaligen Schülern, die von einem Meister geführt werden, errichtet worden. Bei der Finanzierung halfen das BmZ, Bonn, die Staatskanzlei Nordrhein-Westfalens, die Konrad-Adenauer-Stiftung, Lions-Stormarn, Rotary Beshum.

Einmal, in den ersten Jahren, war die Wassersituation so verzweifelt, dass Bleks den Schülern erklärte, sie müssten alle nach Hause gehen; die aber sagten: »Wenn du hier bleibst, dann bleiben wir auch.« Und sie blieben.

»Wann habt ihr denn die Kirche gebaut?«, fragte ich. Die stand nämlich noch nicht, als ich das erste Mal in Baumgartsbrunn war, wie der Ort heute heißt; es ist wirklich ein Ort, größer als viele Dörfer, die man in Namibia antrifft. »Ja, die Kirche«, antwortete Helmut, »das ist eine interessante Geschichte.« Und er erzählte: »Eines Tages beschloss ich, die Farmwirtschaft aufzugeben und mich nur noch den Kindern und ihrer Ausbildung zu widmen. Ich verkaufte 400 Rinder und hatte plötzlich viel Bargeld.

Darum rief ich alle Eltern – es kamen über 100 – zusammen, damit sie mitberaten, was wir mit dem Geld machen wollen, also, was am nötigsten sei: Mehr Klassenräume, eine neue Küche, ein Aufenthaltsraum? Alle leben zu Hause sehr armselig in Blechhütten. Nach vierstündigem Palaver kamen zwei Abgesandte und berichteten, ihnen wäre das alles sehr wichtig, ›aber man darf doch das Wort nicht vergessen‹.« An dieser Stelle der Erzählung warf ich ein: »Das ist doch wunderbar, dass sie Lernen und Bildung für so wichtig halten.« Helmut sah mich an und sagte: »Nein, nein, sie meinten das Wort Gottes – also eine Kirche.« So fuhr er nach Deutschland, warb um Spenden und hatte Erfolg. Das Geld kam mit Hilfe von

»Brot für die Welt« und der »Vereinigten Evangelischen Mission« zusammen. Die Kirche wurde gebaut – 1983 fand der erste Gottesdienst dort statt.

Diese Geschichte schien mir so ungewöhnlich, dass ich in der gleichen Richtung weiterforschte und viel Interessantes hörte. Da hatte Bleks beispielsweise einmal ein Mädchen hart gescholten, was er normalerweise nie tut. Reaktion: Das Mädchen wurde plötzlich bis in die Finger steif, fiel in Ohnmacht und musste zwei Tage ins Krankenhaus. Später sagte sie zu Bleks: »Du kannst mich schlagen, aber du darfst mich nie vor anderen beschimpfen.« Ich hatte früher zuweilen bemerkt, dass Würde für die Schwarzen ein sehr wichtiger Begriff ist, aber dass es so weit geht, wie im Ancien Régime in Europa das Gebot der Ehre, das war mir neu.

Einmal waren 10 Rand (damals etwa 10 Mark) verschwunden. Bleks rief alle zusammen und erklärte: »Ich will nicht wissen, wer es war, aber ich will, dass das Geld zurückgegeben wird. Der Betreffende soll es in einem Umschlag unter der Tür in die Kirche schieben.« Am nächsten Tag war der Umschlag da und gleich noch ein zweiter mit 25 Rand, deren Entwendung noch gar nicht bemerkt worden war.

Nun ist also der 25. Jahrestag der Schulgründung gekommen und soll feierlich begangen werden. Viele Freunde und offizielle Gäste waren gekommen. Als wir in den Ort hineinfuhren, war der Weg von Hunderten winkender, hopsender, jubilierender Kinder gesäumt. Die Gestaltung der Feier war den Kindern überlassen worden, und sie hatten sich mit viel Phantasie ans Werk gemacht. In der Kirche ein sehr guter Schülerchor, drei Mädchen, die mit Liebe und Witz selbst gefertigte Gedichte vortrugen – in einem hieß es »Mr. Helmut sieht alt aus, aber im Gemüt (in his mind) ist er jung.«

Auch der Kindergarten trat in Aktion. Der Jüngste, ein Zweijähriger, fungierte als Flügelmann mit einer kleinen Fahne.

Als er Helmut Bleks in der ersten Reihe entdeckte, stürzte er auf ihn zu – Bleks nahm ihn auf den Arm und brachte ihn zurück an seinen Standort vor dem Altar, aber nach fünf Minuten brach der Kleine wieder aus, wurde geduldig wieder zurückgetragen und danach noch einmal das gleiche.

Über 200 ehemalige Schüler aller Jahrgänge waren zu dem Festakt zum Teil von sehr weither gekommen. Sie hatten Tränen in den Augen beim Gesang der alten Lieder und bei Helmuts Rede, die mit den Worten endete: »I love you all«. Die Antwort dröhnte aus Hunderten von Kehlen über den Platz: »We love you, we love you.« Da auch viele Eltern gekommen waren und für alle Mittag gemacht wurde, wollte ich wissen, was denn alles in die riesigen Kessel gewandert ist. Der Koch verriet es stolz:

4 Zentner Reis
1 Rind
1 ebenso großer Kudu
50 Kilogramm Zwiebeln
1 1/2 Kilogramm Pfeffer.

Dies alles verschwand in wenigen Stunden.

Was bleibt und was in Baumgartsbrunn nie fehlt, ist das einzigartige Klima von allgemeiner Unbefangenheit und echter Fröhlichkeit. Alle Kinder strahlen, wenn sie »Mr. Helmut« sehen. Immer ist er umringt von einer Bande tanzender, gestikulierender Jungen und Mädchen. Und auch Bleks strahlt, wenn er die Kinder – seine Kinder – sieht.

Wie kann ein Mensch das alles in 25 Jahren schaffen?: Über tausend Schüler haben die verschiedenen Lehrstätten absolviert, und alle haben einen Job gefunden, denn die Abgänger von Baumgartsbrunn sind sehr begehrt. Die Antwort heißt: Er kann es schaffen, weil er Anhänger der anthroposophischen Lehre ist und weil seine Frau aus dem gleichen Holz geschnitten ist wie er. Ich persönlich würde noch hinzufügen: Weil er aus Ostpreußen stammt!

Zum Tode von Hans Lehndorff
(1987)

Als der Zweite Weltkrieg ausbrach, gab es sieben junge, männliche Lehndorffs, alle zwischen 18 und 30 Jahren. Als das große Sterben vorbei war, lebte nur noch einer von ihnen, der Arzt Hans Graf Lehndorff, Verfasser des kürzlich in 16. Auflage erschienenen »Ostpreußischen Tagebuches – Aufzeichnungen eines Arztes aus den Jahren 1945–1947«. In der vorigen Woche ist auch er gestorben.

Drei seiner vier Brüder sind gefallen, der vierte und älteste wurde beim Einmarsch der Russen in Ostpreußen zusammen mit seiner Mutter, die gerade aus nationalsozialistischer Haft befreit worden war, erschossen. Von den beiden Vettern ist der ältere von Hitlers Schergen in Plötzensee erhängt worden, der jüngere 1941 in Russland gefallen.

Hans Lehndorff leitete 1945 ein Lazarett in Königsberg, wo er die Einnahme der Stadt durch die Russen erlebte. Seine Schilderung beginnt mit den Worten: »Die Vorboten der Katastrophe machten sich bereits in den letzten Junitagen 1944 bemerkbar – leichte, kaum ins Bewusstsein dringende Stöße, die das sonnendurchglühte Land wie von fernen Erdbeben erzittern ließen. Und dann waren die Straßen auf einmal überfüllt mit Flüchtlingen aus Litauen ...

Nicht lange danach kamen riesige Viehherden an den Flussläufen entlang und sammelten sich in dem flachen Tal, das vom Pregel in vielen Windungen durchflossen wird. Sie waren aus dem östlichen Teil der Provinz abgetrieben worden und standen nun in den weiten Wiesen. Ohne Beziehung zueinander, den Menschen als Feind betrachtend, so stolperten sie durch das Land, traten die Zäune nieder, brachen hemmungslos in Koppeln und Gärten ein und fraßen Büsche und Bäume kahl. Sie schienen aus einem Land zu kommen, in dem es keinerlei Ordnung gab. Dabei konnte man vielen noch ansehen, dass sie aus hervorragenden Zuchten stammten. Aber das Schützende, das sie zur Herde machte, war schon von ihnen gewichen.«

Hans Lehndorffs Buch ist ein dramatisches Epos, das ein danteskes Inferno schildert. Es dokumentiert den Untergang von 600 Jahren Geschichte. Langsam versinkt da vor unseren Augen das, was Generationen geschaffen hatten, in einem wilden Chaos, das sich nicht nur der Ordnung, sondern auch jeglicher Menschlichkeit entzog. Es ist ein Buch, das seinesgleichen nicht hat.

Theodor Eschenburg
(1989)

Für den in den 50er Jahren noch jungen Staat waren die messerscharfen Analysen des Tübinger Professors, erwachsen aus seinem unbestechlichen Rechtsgefühl und unterfüttert mit einem weit verzweigten historischen Wissen, ganz unersetzlich. Viele haben den strengen Präzeptor sehr gefürchtet – wir haben ihn sehr geliebt. Wir haben unendlich viel von ihm gelernt und sehr viel mit ihm gelacht.

Wenn er zu den Konferenzen in die ZEIT kam, war immer etwas los: interessante Informationen, ganz neue Gesichtspunkte zu uralten Problemen und herrliche Geschichten aus dem alten Lübeck oder dem neuen Bonn. Sein Erscheinen war immer begleitet von hektischen Suchaktionen und telefonischen Fahndungen nach irgendwelchen lebenswichtigen Gegenständen. Entweder war der Hut im Schlafwagen hängen geblieben oder der Mantel im Speisewagen. Nur von der Pfeife trennte er sich nie.

Als ich einmal Konrad Adenauer im Palais Schaumburg besuchte, sagte er: »Jestern war de Eschenburg bei mir, isch dachte, der plant ne Attentat.« Und dann beschrieb er, wie aus Eschenburgs rechter Jackentasche plötzlich kleine Rauchwölkchen aufstiegen: Der Professor hatte wieder einmal die brennende Pfeife einfach in die Tasche gesteckt, anstatt sie im Vorzimmer auf dem Aschenbecher abzulegen.

Der Tübinger Professor gehört natürlich gar nicht nach Tübingen, sondern nach Lübeck. Die Eschenburgs sind seit dem 14. Jahrhundert als Lübecker Bürger ausgewiesen. Wer die herrliche alte Ordenskirche St. Marien in Lübeck besucht, kann feststellen, welche Rolle dieses Geschlecht in der alten Hansestadt gespielt hat.

Dort haben die Eschenburgs eine eigene Seitenkapelle

ganz für sich, wie ich es sonst nur bei katholischen Grafen in Schlesien gesehen habe. In dieser hanseatisch schlichten, protestantisch strengen Kirche sind in einer großen Nische auf weißgetünchtem Grund in schwarzen Lettern, sparsam goldumrandet, die Namen der wichtigsten Eschenburgs verzeichnet: ein Bürgermeister, mehrere Senatoren und andere Würdenträger.

Der Bürgermeister war Theodor Eschenburgs Großvater, ein bemerkenswerter, souveräner Patriarch, reichstreu, aber preußenfeindlich – mindestens behandelte er den Teil des Kaisers, der den König von Preußen repräsentierte, als nicht existent – obgleich er selbst offenbar ein überzeugendes Vorbild für alles das war, was man als preußische Tugenden zu bezeichnen pflegt.

Die Regierenden Bürgermeister der Hansestädte waren – das hat man heute ganz vergessen – bis zum Ende des Ersten Weltkrieges, entsprechend dem Hofzeremoniell, den Bundesfürsten gleichgestellt. Damit sie bei der Anrede, verglichen mit ihren Kollegen, den Königlichen Hoheiten und Durchlauchtigsten Fürsten nicht allzu nackt dastanden, hatte Wilhelm II. bestimmt, dass sie mit Magnifizenz anzureden seien. »Der Bürgermeister« – eben jener Großvater – benutzte, wie Theodor Eschenburg in seinem schönen Aufsatz über Lübeck schreibt, »für hochoffizielle Reisen den früheren Salonwagen eines thüringischen Herzogs, den der Stadtstaat erworben hatte«.

Immer wieder hat uns entzückt, wie facettenreich der Enkel das Lübecker Milieu zu schildern weiß, das er als Vierzehnjähriger erlebt hat und das Thomas Mann so unnachahmlich in den »Buddenbrooks« beschrieben hat. Man weiß, wie angefochten Thomas Mann in seiner Vaterstadt war, deren Gesellschaft in jener Phase des *Fin de siècle* er ebenso treffend wie für die Betroffenen ärgerlich charakterisiert – die Lübecker meinten: kritisiert – hat.

Der junge Theo und seine gleichaltrige Cousine genossen in Auflehnung gegen die ältere Generation den Spötter Thomas Mann. Und als sie ihrer Bewunderung eines Tages so laut Ausdruck verliehen, daß der Herr Bürgermeister nicht umhin konnte, dies zur Kenntnis zu nehmen, sagte er mit gleichsam erhobenem Zeigefinger: »Mathilde und ich, wir haben den Roman dieses Nestbeschmutzers nie gelesen und werden es auch nicht tun.« Damit war das Thema erledigt, Thomas Mann in Acht und Bann getan und die Jungen nicht in Unklarheit darüber gelassen, dass dieser Name in Zukunft nicht mehr genannt werden dürfe.

Einer der Eschenburgs – es muß um dieselbe Zeit gewesen sein – hatte in seinem Testament verfügt, dass weibliche Familienmitglieder, die einen Offizier heirateten, nur das Pflichtteil ausgezahlt bekämen, denn Offiziere wurden in der Kaufmannsstadt gering geschätzt und nicht als voll gesellschaftsfähig angesehen. Den spöttischen Enkel amüsiert noch heute, dass jener Hagestolz dadurch gestraft wurde, dass er ausgerechnet an dem Tag starb, an dem die Erzbergersche Finanzreform in Kraft trat. Hätte er 24 Stunden früher das Zeitliche gesegnet, wären die zu zahlenden Steuern um ein Vielfaches geringer gewesen.

Als der Professor wieder einmal bei uns in Hamburg war und an der Wochenkonferenz teilnahm, fragte ihn einer, der etwas hatte läuten hören: »Worum geht eigentlich Ihr Streit mit dem Postminister?« Eschenburg: »Hören Sie mal zu« – so fingen seine Antworten meistens an –, »da kommt doch tatsächlich eines Tages der Postbote zu mir und sagt: ›Hier ist ein Brief vom Bundespostminister – Dienstsache. Für den müssen Sie 20 Pfennig Strafporto zahlen.‹

›Nein‹, sage ich, ›Ihr Chef braucht seine Briefe nicht zu frankieren, folglich muss ich auch kein Strafporto zahlen.‹

Der Postbote: ›Tut mir Leid, die 20 Pfennige sind gebucht,

ich muss sie abliefern, sonst muss ich den Brief wieder mitnehmen.‹«

Eschenburg, dem Neugier nicht fremd ist: »Na gut, dann werde ich die 20 Pfennig zahlen.«

Nun begann ein langer Prozess, den der institutionsbesessene Professor mit wachsendem Vergnügen immer weitertrieb: Er schreibt an den Präsidenten der Oberpostdirektion, mit Durchschlag an den Referenten im Bundespostministerium, schildert den Fall, beschwert sich und erhält postwendend folgende Antwort aus dem Ministerium: »Ich habe heute bei der Ministerbesprechung Ihren Fall vorgetragen. Auch der Staatssekretär sagte: ›Ausgerechnet bei Eschenburg muss das passieren!‹«

Am nächsten Tag Anruf – erst des Präsidenten der Oberpostdirektion, dann des zuständigen Postamtes: beiderseits große Entschuldigungen. Schließlich kommt der Postbote und bringt 20 Pfennige. Eschenburg steckt sie ein und sagt: »Nun müssen Sie aber eine Quittung haben.«

Antwort: »Nein, ich habe ausdrücklich die Weisung bekommen, keine Quittung entgegenzunehmen.« Entsetzter Ausruf: »Ihr seid mir schöne Brüder, von Haushalts-Gehorsam wisst Ihr offenbar nichts!«

Der Stoßseufzer des Staatssekretärs im Bundespostministerium: »Ausgerechnet bei Eschenburg ...« ist typisch. Auch wenn er in diesem Fall nicht ernst gemeint war: Unter den Ministern und in der höheren Ministerialbürokratie gibt es gewiss keinen, der diesen Fanatiker korrekten Stils nicht kennt, der diesen Plagegeist moralischer Integrität – der oft das Gewissen der Nation genannt worden ist – nicht fürchtet. Theodor Eschenburg, der stets vom konkreten Einzelfall ausgeht, hat ungleich mehr Wirkung als viele seiner Kollegen, die sich in den luftigen Höhen abstrakter Theoreme bewegen.

Und noch etwas, und das ist eigentlich sehr merkwürdig: Der Autor dieser vielschichtigen Kommentare zu Ereignissen des Tages – meist umfassen sie nicht mehr als vier bis fünf Seiten – schreibt ungewöhnlich trocken, und dennoch sind seine Auslassungen spannend, ja aufregend zu lesen, auch dort, wo es sich um scheinbar unpolitische Themen handelt. Zum Beispiel um »Tischordnung« oder um Gustav Freytags »Soll und Haben«.

Auch hat er den politischen Themenkatalog und die dafür relevante Terminologie entscheidend bereichert: Kanzlerdemokratie, Gefälligkeitsstaat, Herrschaft der Verbände – das sind Begriffe, die auf ihn zurückgehen und die zur Verständigung über die moderne Wirklichkeit ganz unentbehrlich geworden sind.

Schade, dass Meister Eschenburg nicht mehr nach Hamburg kommt. Die Konferenzen mit ihm waren stets unglaublich interessant, und vor allem – sie waren immer lustig. Ich vermisse ihn sehr.

PAX BALTICA

Ein Kreuz auf Preußens Grab
Zum deutsch-polnischen Vertrag
über die Oder-Neiße-Grenze
[1970]

Nun ist der Vertrag über die Oder-Neiße-Grenze fertig ausgehandelt. Bald werden die Vertreter Bonns und Warschaus ihn unterzeichnen. Und dann wird es hier und da heißen, die Regierung habe deutsches Land verschenkt – dabei wurde das Kreuz auf Preußens Grab schon vor 25 Jahren errichtet. Es war Adolf Hitler, dessen Brutalität und Größenwahn 700 Jahre deutscher Geschichte auslöschten. Nur brachte es bisher niemand übers Herz, die Todeserklärung zu beantragen oder ihr auch nur zuzustimmen.

Heimat ist für die meisten Menschen etwas, das vor aller Vernunft liegt und nicht beschreibbar ist. Etwas, das mit dem Leben und Sein jedes Heranwachsenden so eng verbunden ist, dass dort die Maßstäbe fürs Leben gesetzt werden. Für den Menschen aus dem Osten gilt das besonders. Wer dort geboren wurde, in jener großen einsamen Landschaft endloser Wälder, blauer Seen und weiter Flussniederungen, für den ist Heimat wahrscheinlich doch noch mehr als für diejenigen, die im Industriegebiet oder in Großstädten aufwuchsen.

Die Bundesrepublik mit ihrer offenen Gesellschaft und der Möglichkeit, in ihr menschlich und ziemlich frei zu leben, ist ein Staat, an dem mitzuarbeiten und den mitzugestalten sich lohnt – aber Heimat? Heimat kann sie dem, der aus dem Osten kam, nicht sein.

Dort im Nordosten, wo meine Familie Jahrhunderte lang gelebt hat – und dies sei nur erwähnt, weil es das Schicksal von Millionen Menschen verdeutlicht –, dort im Raum zwischen Weichsel und Peipussee stand nicht wie im Westen die Loyalität zum Lehnherrn an erster Stelle, sondern die Verwobenheit mit dem Lande. Wer beim häufigen Wechsel jeweils die Oberherrschaft ausübte: der Orden, die Polen, Schweden, Dänen, Russen oder Preußen, das war nicht das Entscheidende. Entscheidend war es, festzuhalten am Grund und Boden, der Landschaft zugeordnet zu sein.

Friedrich der Große hat es den Ostpreußischen Ständen nie verziehen, dass sie, als ganz Ostpreußen während des Siebenjährigen Krieges von den Russen besetzt war, der Zarin Elisabeth gehuldigt hatten – obgleich dies doch das Vernünftigste war, was sie tun konnten. Erst während der letzten hundert Jahre, als der Geist des Nationalismus alle Beziehungen zu vergiften begann, wurde alles anders.

Seit nun die Deutschen aus ihrer Heimat östlich von Oder und Neiße vertrieben wurden, hat es mit jenem Wechsel der Herrschaft ein Ende. Jetzt ist das Land polnisch. Fast die Hälfte aller heute in den alten deutschen Gebieten lebenden Menschen wurde bereits dort geboren. Die Polen haben, wie auch die Tschechen in Böhmen, ohne Erbarmen reinen Tisch gemacht. Nie zuvor hatte jemand im Osten versucht, sich dadurch in den endgültigen Besitz von Ländern und Provinzen zu setzen, dass er acht Millionen Menschen aus ihrer Heimat vertrieb. Aber wer könnte es den Polen verdenken? Nie zuvor war ja auch einem Volk so viel Leid zugefügt worden wie ihnen während des Dritten Reiches.

Der von Hitler eingesetzte Generalgouverneur Hans Frank, der zusammen mit der SS die polnische Bevölkerung tyrannisierte, sie deportierte und in die Gaskammern schickte, hat einmal in einer Ansprache die Ziele der Nazis verdeutlicht: »Kein Pole soll über den Rang eines Werkmeisters hinauskommen. Kein Pole wird die Möglichkeit erhalten können, an allgemeinen staatlichen Anstalten sich eine höhere Bildung anzueignen. Ich darf Sie bitten, diese klare Linie einzuhalten!« Und weiter: »Was wir jetzt als Führungsschicht in Polen festgestellt haben, das ist zu liquidieren; was wieder nachwächst, ist von nun an sicherzustellen und in einem entsprechenden Zeitraum wieder wegzuschaffen ... Wir brauchen diese Elemente nicht erst in die Konzentrationslager des Reiches abzuschleppen; denn dann hätten wir Schereien und einen unnötigen Briefwechsel mit den Familienangehörigen, sondern wir liquidieren die Dinge im Lande.«

Der »Führerbefehl« nach dem Warschauer Aufstand im Herbst 1944 hatte gelautet, die Stadt dem Erdboden gleichzumachen. Und die SS ließ es an Gründlichkeit und Brutalität wahrhaftig nicht fehlen. Als sie abzog, hausten nur noch 2000 Menschen in den Höhlen und Trümmern der einstigen Millionenstadt.

Wer sich bei uns nach alledem noch weigert, die Realität der Oder-Neiße-Grenze anzuerkennen, beruft sich im Allgemeinen auf drei Stichworte: Grenzen von 1937, Heimatrecht, Selbstbestimmungsrecht.

1) *Die Grenzen von 1937.* Dieser Begriff tauchte zwar zunächst in den Verhandlungen der Alliierten gelegentlich auf (Moskauer Außenministerkonferenz vom Oktober 1943), aber in Potsdam im Juli 1945 wurde dann nur ein Rumpfdeutschland ohne die Ostgebiete in Besatzungszonen aufgeteilt. Die westlichen Siegermächte haben seither mehrfach erklärt, dass alle Äußerungen über den Gebietsstand von 1937 sich nur auf die Besatzungszonen bezogen hätten, aus denen die Ostgebiete ausdrücklich ausgeklammert worden seien. Allerdings haben sie auch immer wieder darauf verwiesen, dass die endgültige Regelung nur in einem Friedensvertrag erfolgen könne.

2) *Das Heimatrecht.* Es existiert allenfalls als individuelles Recht im Rahmen der Menschenrechte, aber nicht als klar definierter Begriff des Völkerrechts, auf den man sich berufen könnte.

3) *Das Selbstbestimmungsrecht.* Es begründet höchstens den Anspruch auf Autonomie-Rechte von Minderheiten,

bietet aber heute keine Handhabe, Grenzänderungen gegen den Willen der polnischen Bevölkerung durchzuführen.

Niemand kann heute mehr hoffen, dass die verlorenen Gebiete je wieder deutsch sein werden. Wer anders denkt, der müsste schon davon träumen, sie mit Gewalt zurückzuerobern. Das würde heißen, wieder Millionen Menschen zu vertreiben – was nun wirklich keiner will. Man muss hoffen, dass darum nun auch die Polemik der Landsmannschaften, für die jeder ein Verräter ist, der ihre Illusionen nicht für Realitäten hält, eingestellt wird.

Man möchte sich freilich auch wünschen, dass die Polen uns in Zukunft mit ihrem Chauvinismus verschonen, der sie von »wiedergewonnenen Gebieten« reden und sogar in offiziellen Schriften immer wieder Behauptungen aufstellen lässt wie diese: »... waren die Westgebiete unter deutscher Herrschaft größtenteils von bodenständiger, polnischer Bevölkerung bewohnt ...«. In Wahrheit stellten die Deutschen in Ostpreußen, Pommern, Ostbrandenburg und Niederschlesien 98 bis 100 Prozent der Bevölkerung; Oberschlesien war die einzige Provinz mit einer nennenswert Polnisch sprechenden Minderheit. Die Ostgrenze Ostpreußens bestand seit 700 Jahren unverändert, und Schlesiens Grenzen sind, das oberschlesische Industriegebiet ausgenommen, immer die gleichen geblieben, seit Kasimir der Große im Vertrag von Trentschin zugunsten Böhmens auf Schlesien verzichtet hatte – also von 1335 bis 1945.

Es gibt zu all diesen Fragen auf beiden Seiten viele Klischees und sehr selten kompetente Urteile; zu kompliziert und zu unbekannt ist die Geschichte des Ostens. Auch vergessen viele, dass es stets die Sieger sind, die die Geschichte schreiben. Wer spricht in Osteuropa noch von den Geheimprotokollen zu den Verträgen, die Hitler und Stalin am 23. August und 28. September 1939 untereinander schlossen? Sie waren die Grundlage für einen mit Hitler synchronisierten

Aggressionskrieg der Sowjets gegen Polen, bei dem Moskau sich 50 Prozent des damaligen polnischen Staates aneignete.

Obwohl jenes Geheimabkommen den Fortbestand eines polnischen Staates nicht unbedingt ausschloss, hat Moskau nach dem Einmarsch der Sowjettruppen in Ostpolen (bei dem die Repräsentanten der führenden Schicht ebenfalls verschleppt und vernichtet wurden) Druck auf den deutschen Botschafter Graf Schulenburg ausgeübt, um die Bildung eines polnischen Rumpfstaates zu verhindern.

Seit Jahrhunderten, seit den Zaren, die alle danach trachteten, Polen als europäischen Faktor zu eliminieren, ist dies der Wunsch der Beherrscher Russlands gewesen. Schon Katharina hatte dieses Ziel vor Augen, als sie sich 1772 zur ersten und 1793 zur zweiten Teilung Polens entschloss, wobei sich Preußen an beiden Teilungen, Österreich nur an der ersten beteiligte. Bei der dritten Teilung haben Preußen und Russland im Verein mit Österreich Polen dann gemeinsam ausgelöscht.

Auch erinnern sich nur noch wenige daran, dass die Polen zur Zeit des Münchner Abkommens den Tschechen das Gebiet von Teschen weggenommen und durch die Unterstützung des deutschen Abenteuers in der Sudetenkrise die Regierung in Berlin zu jenen Forderungen ermutigt haben, die am Ende eines langen Weges schließlich zum Zusammenbruch ihres Landes führten.

Niemand ist ohne Sünde. Aber der Versuch, gegeneinander aufzurechnen, ist nicht nur sinnlos, sondern würde auch dazu führen, dass der Fluch der bösen Tat fortzeugend Böses gebiert. Also ein neuer Anfang? Ja, denn sonst nimmt die Eskalation nie ein Ende. Also Abschied von Preußen? Nein, denn das geistige Preußen muss in dieser Zeit materieller Begierden weiterwirken – sonst wird dieser Staat, den wir Bundesrepublik nennen, keinen Bestand haben.

Kant gehört der Menschheit
[1999]

Ganz großen Dank möchte ich für diese Ehrung sagen, für diese ungewöhnliche Ehrung. Ungewöhnlich, denn noch vor fünf Jahren wäre es undenkbar gewesen, dass jemand aus dem ehemaligen Ostpreußen, noch dazu aus einer, wie es damals hieß, »junkerlichen« Familie, auf solche Weise geehrt worden wäre.

Es ist für mich sehr bewegend, heute in der Königsberger Universität, der ehemaligen Albertina, die 1544 gegründet wurde, zu stehen, in der ich meine beiden ersten Semester absolviert habe.

Es macht mich wirklich glücklich zu erleben, wie die Beziehungen sich normalisieren. Ich habe immer gehofft, Kaliningrad würde einmal die Brücke zwischen Ost und West werden; eigentlich ist es durch seine Lage als einziger eisfreier Hafen Russlands schon aus wirtschaftlichen Gründen dazu prädestiniert.

Vor acht Jahren wurde ich vom Außenministerium in Moskau eingeladen, an einer Konferenz teilzunehmen, die über das Schicksal des Oblast nachdenken sollte. Geladen waren etwa 40 Leute: Polen, Litauer, Engländer, Amerikaner, außer mir noch ein Deutscher.

Da ich nicht als Repräsentant eines Landes oder einer Organisation gefragt war, sondern nur für mich selber zu sprechen hatte, sagte ich einfach meine Meinung. Man sollte, so erklärte ich:

1. den Oblast zu einer autonomen Republik erklären, damit er aus dem Rubel-Gebiet herauskommt und ausländische Regierungen zum Investieren angeregt werden;

2. sollte es mit den drei baltischen Staaten zusammen eine Art Benelux (Belgien, Niederlande, Luxemburg) bilden;

3. schließlich sollte der Oblast, der bis dahin ein sowohl von Ost wie von West vollkommen unabhängiges Gebilde war, zum Kern der Vereinigung von Osteuropa und Westeuropa werden.

Kaliningrad war damals in der Tat als militärisches Sperrgebiet ein vollständig unabhängiges Gebiet. Nicht einmal Professoren aus Russland durften einreisen, und als ich 1989 kurz vor der Maueröffnung Kant nach Kaliningrad brachte, sagten mir die Behörden: »Sie sind das erste westliche Auto seit 1945.«

Heute habe ich das Gefühl, dass das Mare Balticum – die Ostsee, wie wir sagen – für den Norden das werden wird, was das Mittelmeer für den Süden ist. Vielleicht nicht erst in ferner Zukunft werden *wird*, sondern dass es unbemerkt schon auf dem Wege dorthin *ist*. Alle Nachbarn, auch die Skandinavier, sind auf Integration und gemeinsame Entwicklung bedacht.

Die Regierungschefs des Ostseerats – dem obersten Gremium der beteiligten Länder – treffen sich jährlich einmal, um über engere Zusammenarbeit zu beraten. Im vorigen Jahr waren es 108 Hansestädte, die sich in Visby auf Gotland zur Beratung trafen.

Ein dichtes Netzwerk mit über 70 Organisationen ist entstanden, das die Anrainer miteinander verbindet. Heute verkehren über 60 reguläre Schifffahrtslinien auf der Ostsee. In dem Gebiet des Ostseeraums gibt es 100 Universitäten und Technische Hochschulen, die alle miteinander kooperieren.

Da gibt es eine Sommeruniversität, zu der alle Universitäten beitragen und eine Ars Baltica, die Konzerte und Kulturtreffen veranstaltet. Es gibt ferner 41 Handelskammern, die sich zusammengeschlossen haben zur Baltic Chambers Organization.

Seit 1987 die Kaliningrader Sektion des sowjetischen Kulturfonds gegründet wurde, war Jurij Iwanow deren Chef in

Kaliningrad. Er war ein wunderbarer Mann, der unendlich viel für Frieden und Versöhnung getan hat. In einer Unterhaltung sagte er einmal zu mir: »Kant gehört nicht euch, Kant gehört nicht uns, er gehört der Menschheit.«

Pax Baltica
[1998]

Es ist eine große Ehre, dass Sie mir den Preis mit dem schönen Namen PAX BALTICA zuerkennen. Neben der Ehre ist es auch eine Riesenfreude, weil dieser Ostsee-Raum meine wirkliche Heimat ist: Das Herz geht mir jedes Mal auf, wenn ich über die Weichsel fahre und den östlichen Himmel, das Licht, die großen Wälder und Seen wieder sehe.

Ich muss Ihnen zunächst eine kleine Begebenheit erzählen, die mit Ihrem Lande zu tun hat und die mich sehr beeindruckt hat: vor kurzem bekam ich ein dickes Couvert aus Schweden, in dem sich 18 Briefe von Schülern befanden, die demnächst Abitur machen. Jeder begann seinen Brief mit den Worten: Ich bin 17 Jahre alt, heiße so und so, ich interessiere mich für das und das ... Jeder endete mit dem Satz: Sie müssen kommen und mit uns über Ethik diskutieren. (Ich muss dazu sagen, dass ich viel über dieses Thema in der ZEIT geschrieben habe, die offenbar dem Deutsch-Unterricht dieser Klasse zu Grunde liegt).

Ich hatte in dem Moment überhaupt keine Zeit, aber ich fand, 18 junge Leute, die in dieser materiellen Epoche an Ethik interessiert sind, deren Wunsch darf man nicht überhören. Ich fuhr also nach Göteborg, aber die Befangenheit war groß und das Gespräch kam nicht in Gang. Darum habe ich erst einmal eine Geschichte erzählt.

In der vorigen Woche, sagte ich, habe ich den Brief eines Schuldirektors aus Süddeutschland erhalten, der schrieb: Unsere Absolventen, die jetzt ins Leben treten, sind so entmutigt und resigniert, weil sie glauben, sie werden nie eine Lehrstelle und auch keinen Job bekommen, die brauchen eine Ermutigung. Sie sind doch eine der letzten Optimisten, schreiben Sie uns doch etwas Optimistisches, das verteilen wir dann beim Abitur.

Als meine Geschichte zu Ende war, fragte ich die schwedischen Schüler: Wie ist denn das bei euch hier? Da begann der erste: Naja, Gedanken mache ich mir schon, aber doch keine Sorgen. Das schaffe ich, das weiß ich. Alle anderen 17 sagten: Das schaffen wir.

Was für ein glückliches Land, musste ich denken: Da hat Schweden mit 13 Prozent eine höhere Arbeitslosigkeit als wir, und auch die wirtschaftliche Situation ist keineswegs besser als die unsere, aber die jungen Leute sind optimistisch und gehen voller Vertrauen ins Leben.

Meere trennen, aber Meere verbinden auch. Der Ostseeraum ist durch die Hanse vor 600 Jahren in der Geschichte Europas zu einem wichtigen Wirtschaftsraum geworden, über Jahrhunderte hat diese Zone als einheitlicher Handels- und Kulturraum eine herausragende Rolle gespielt.

In unserem Jahrhundert war dieses Gebiet durch zwei Weltkriege, den Eisernen Vorhang und Kalten Krieg zu einer toten Region geworden. Jetzt wird der Ostseeraum, zu dem die zehn angrenzenden Länder sowie Island gehören, wieder eine aktive Region.

In diesem Jahr trafen sich 106 Hansestädte aus 11 Ländern in Visby auf Gotland zur Beratung. Der Ostseerat, der das höchste Gremium für diese Gruppe darstellt, ist 1992 mit Sitz in Stockholm gegründet worden; die Außenminister oder Regierungschefs treffen sich jedes Jahr einmal, um über die Möglichkeiten engerer Zusammenarbeit zu beraten.

Für viele Europäer, selbst für viele in den betroffenen Ländern, hat sich die Kooperation, die längst im Gange ist, vollzogen, ohne dass sie es wirklich realisiert haben. Um nur ein paar Stichworte zu nennen:

Da haben sich 41 Handelskammern zusammengeschlossen zur Baltic Chambers Organization, die ständige Arbeitsausschüsse unterhält.

Da gibt es eine Sommeruniversität, zu der jedes der 11 Länder fünf ausgesucht erstklassige junge Leute schickt, die vierzehn Tage zusammenbleiben; in diesem Jahr geschieht dies zum siebten Mal.

Da ist ferner die Ars Baltica, die als allererste Institution gegründet wurde, um Konzerte und Kulturtreffen zu veranstalten; sie geht zurück auf Engholm, den damaligen Ministerpräsidenten von Schleswig-Holstein, der die Ostsee »das Mittelmeer des Nordens« nannte und der 1987 durch kulturelle Annäherung die Tatsache zu überspielen suchte, dass die Blockbildung jede politische oder wirtschaftliche Annäherung verhinderte.

Inzwischen ist in den zehn folgenden Jahren ein dichtes Netzwerk mit über 70 Organisationen entstanden, das die Anrainer miteinander verbindet. Heute verkehren über 60 reguläre Linien über die Ostsee.

Mehr als 100 Universitäten, Akademien und Institute treiben in diesem Ostseeraum ganz bewusst eine systematische Integrationspolitik.

Ich denke, es besteht Aussicht, dass der Ostseeraum in Zukunft eine dynamische Region Europas werden wird, die mit der Zeit dem südlichen Bereich Europas nicht nachsteht. Dass Schweden dabei eine besondere Rolle spielen wird, steht außer Zweifel.

DEUTSCHLAND
UND DIE WELT

Nur in einem Land?
[1982]

Bismarck soll einmal gesagt haben: »Wer weiß, wie Gesetze und Würste zustande kommen, der kann nachts nicht mehr ruhig schlafen.« Wer in der Lage ist, sich zu vergegenwärtigen, unter welchen Umständen im Apartheid-System Südafrikas manchmal die Güter produziert werden, die wir dann importieren – der hätte wahrscheinlich wenig Lust, sie zu kaufen. Und die Frage, wer wohl unter welchen Umständen in der Sowjetunion das Gold zutage fördert, das die Amerikaner als Gegenwert für ihre Getreidelieferungen entgegennehmen, kann auch niemand beantworten.

Dies alles wird nie diskutiert. Um so vehementer sind die Diskussionen über den angeblichen – nicht bewiesenen – Einsatz von Zwangsarbeitern an der sibirischen Erdgasleitung, denn damit hoffen einige Leute, den Vertrag torpedieren zu können. Sonst wäre das Thema vermutlich gar nicht aufgebracht worden.

Es wäre herrlich, wenn man mit Hilfe des internationalen Handels allenthalben in der Welt auf die Einhaltung der Menschenrechte einwirken könnte. Aber in einem einzelnen Lande einen bestimmten Vorgang herauszugreifen, das führt zu gar nichts.

Der Nahe Osten lässt sich nicht kaufen
[1952]

Wie ist es eigentlich möglich, dass der Kommunismus, der doch in dem von ihm eroberten Osteuropa, für jedermann sichtbar, ein totalitäres Terrorsystem errichtet hat, in anderen Teilen der Welt als Befreier betrachtet und vielfach herbeigesehnt wird? Wenn man den Nahen Osten bereist, also einen Teil jenes breiten Gürtels, der von Indien und Indonesien bis zur nordafrikanischen Küste am Atlantik reicht und der bei der ost-westlichen Blockbildung keine eindeutige Stellung bezogen hat, dann wird die Antwort auf diese Frage sehr deutlich.

Nicht, dass die arabischen Länder den Kommunismus herbeisehnten, aber für sie ist die Fragestellung Amerika oder Russland einfach keine grundsätzliche Alternative. Immer wieder wird man gerade als Deutscher gefragt: Ist denn tatsächlich die sowjetische Herrschaft schlimmer als die der westlichen Machthaber? Russland ist fern und war immer fern, aber den Westen kennen sie und misstrauen ihm zutiefst. Ihr Argwohn geht so weit, dass sie sogar erwägen, das angebotene amerikanische Geld aus dem *Point Four Program* (zum Aufbau der unterentwickelten Gebiete) auszuschlagen, aus Sorge, es könnten sich dahinter politische Absichten verbergen. Wenn heute im Nahen Osten die Westmächte in den Ruf imperialistischer Mächte gekommen sind, so ist das nicht ein Erfolg sowjetischer Propaganda, sondern das Resümee der eigenen Erfahrungen.

Und wenn die USA glauben, dass politische Meinungen ausschließlich eine Funktion des Lebensstandards seien – übrigens eine Vorstellung, die sie mit Karl Marx teilen, der ja gesagt hat, das ökonomische Sein bestimme das Bewusstsein –, so irren sie sich hinsichtlich des Nahen Ostens. Dort spielt das Materielle eine weit geringere Rolle als die Erinnerung an viele Enttäuschungen und Erniedrigungen. Dass diese Erinnerungen sich in der orientalischen Phantasie von der Realität wahrscheinlich oft nicht unwesentlich entfernt haben mögen, ist zwar bedauerlich, aber für die Schlussfolgerung gleichgültig. Denn entscheidend ist ja nun einmal nicht die Wirklichkeit, sondern die Vorstellung, die die Menschen von der Wirklichkeit haben.

Die meisten Araber, gleichgültig ob man mit einem Professor oder einem *taxidriver* spricht, haben folgendes Bild von den westlichen Ländern: Sie versprachen, uns von der türkischen Herrschaft zu befreien und errichteten Protektorate und Mandate zu ihrem Nutzen. Sie versprachen, unsere Selbstverwaltung aufzubauen, mischten sich aber immer nur dann ein, wenn es um ihre strategischen oder ökonomischen Interessen ging. Wenn es sich um die Wohlfahrt unseres Landes handelte, dann entdeckten sie plötzlich das Prinzip der Nichteinmischung. Sie haben stets die Minoritäten gegeneinander ausgespielt und immer nur mit Opportunisten und Intriganten zusammengearbeitet und nicht mit den Arabern, die wirkliche Patrioten waren. Und heute? Heute sprechen sie von Freiheit und Menschenrechten, und wenn die Perser ihren gerechten Anteil an den Ölgewinnen fordern, dann entrüsten sie sich. Und wenn die Tunesier die Unabhängigkeit verlangen, die man ihnen zugesagt hat, dann sorgen die Westmächte dafür, dass ihre Klage nicht vor die UNO kommt. Auf die kurze Fontanesche Formel gebracht: »Sie sagen Christus und meinen Kattun«.

Was schließlich stärker als alles andere die Abneigung gegen den Westen heraufbeschworen hat, ist die Gründung des Staates Israel, der in der arabischen Welt genau die Rolle einnimmt, die Sowjetrussland für die atlantischen Mächte spielt. Und insofern ist auch Amerika, das von dem Verdacht kolonialer Ausbeutung frei war, in ihren Augen schwer belastet.

Von der Balfour-Erklärung, die den Juden ein Heim in Palästina versprach, über das ihnen unbegreifliche Zurückhalten der Arabischen Legion (die unter britischem Befehl stand) im Palästina-Krieg bis zu den 800 000 arabischen Flüchtlingen ist alles Schuld des Westens. Wobei die Araber gern vergessen, dass sie es waren, die den Teilungsplan, der unendlich viel günstiger war als alles, womit sie sich nach dem Palästina-Krieg abfinden mussten, ausgeschlagen haben. Merkwürdigerweise ist aber trotz all dieser Empfindungen das Gefühl, historisch und kulturell zum abendländischen Bereich zu gehören, noch immer sehr lebendig.

Was ist nun eigentlich neben diesen persönlichen Erfahrungen, Erinnerungen und Übertreibungen die tatsächliche Wirkung, die das westliche System auf diese »unterentwickelten Gebiete« hat oder haben kann? Diese Gebiete sind soziologisch charakterisiert dadurch, dass eine Oligarchie über eine ungebildete, undifferenzierte Masse herrscht und eine Mittelschicht zunächst nicht existierte. Ökonomisch dadurch, dass das durchschnittliche Jahreseinkommen pro Kopf der Masse in den verschiedenen Ländern wahrscheinlich zwischen 80,- und 200,- DM variiert. Politisch dadurch, dass die Loyalität des Arabers bei der Familie und dem Stamm liegt und der Staat ihm nicht viel bedeutet. Schließlich ist das wesentlichste Charakteristikum der Islam, der nicht nur eine Religion ist, sondern alle Aspekte des bürgerlichen Lebens umfasst und ordnet.

Diese beiden letztgenannten Tatsachen machen die arabischen Länder wahrscheinlich verhältnismäßig immun gegen den Zentralismus und den Totalitätsanspruch des Kommunismus, während jene soziologischen und ökonomischen Vorbedingungen gewissermaßen ideal für eine kommunistische Infiltration erscheinen. Der Westen hat daher und weil es seinem Missionseifer ohnehin entspricht, das Allheilmittel Demokratie verschrieben. Und das sieht nun so aus: Es wurden Parteien gegründet, die die geläufigen Bezeichnungen demokratisch, liberal, konstitutionell tragen und die im Grunde nichts weiter sind als Interessengruppen, die sich um einzelne mächtige Persönlichkeiten bilden. Mit anderen Worten, die Oligarchie konnte ihre privilegierte Stellung nun auch noch demokratisch untermauern, und die Demokratie geriet in den Ruf, die reaktionären und korrupten Systeme zu stützen. Die Folge ist, dass die Sehnsucht nach echter Führung wächst und viele Augen bewundernd auf den neuen Diktator in Syrien gerichtet sind. Wird hier ungewollt Vorarbeit für Moskau geleistet? Das mag sein.

Es ist eine merkwürdige Ironie zu denken, dass der Westen in dem Bemühen, diese Länder immun gegen den Kommunismus zu machen, wahrscheinlich die Vorbedingungen für dessen Ausbreitung fördert. Mindestens dann, wenn er nicht erkennt, dass die veralteten Kolonialmethoden in den Augen des Nahen Ostens schwerer wiegen als die amerikanischen Dollars, die zum Aufbau unterentwickelter Gebiete gegeben werden.

Das, worauf alles ankommen sollte, ist nicht, sich dieser Staaten, für die die Alternative Ost-West gar keine Bedeutung hat, als Satelliten zu versichern, sondern ihr Vertrauen zu gewinnen. Schutz gegen das kommunistische System kann niemals ein anderes System sein, sondern immer nur eine echte Eigenständigkeit.

Ein schwarzer Tag
Fiasko der deutschen Außenpolitik
[1963]

Es gibt Tage in der Geschichte, die erst nachträglich zu »Daten« werden, zu Meilensteinen im Ablauf der Jahre, die jedermann ein Begriff geworden sind: der 30. Januar (1933), der 17. Juni (1953), der 13. August (1961). Merkwürdigerweise sind es immer »schwarze« Tage, die allmählich in das Bewusstsein des Volkes eingehen. Wir werden nun dieser Sammlung ein neues Datum zufügen können, den 29. Januar (1963).

Der Tag, an dem die Franzosen die Verhandlungen über die Aufnahme Englands in Brüssel scheitern ließen, ist – darüber sollte man sich nicht täuschen – ein schwarzer Tag. Ein pechschwarzer Tag, der in Zukunft gleichwertig neben den anderen Schreckensdaten genannt werden wird. Aus zwei Gründen:

Erstens ist die Arbeit vieler Jahre, die Arbeit am Einigungswerk Europas brutal gestoppt, vielleicht zerschlagen worden; und dies in einem Moment, in dem die Integration des Westens über die Desintegration des Ostens zu triumphieren schien. Zwar mag man einwenden, der Abbau der Zölle und Handelshemmnisse im Bereich der sechs Nationen werde doch planmäßig weitergehen, aber das ist ganz unwichtig, das ist bürokratische Routine. Das, worauf es wirklich ankommt, die Impulse der Gemeinschaft, die ganze Dynamik dessen, was man Harmonisierung nennt, also die Angleichung im Bereich von Steuern, Energie, Verkehr, dies alles wird zum Erliegen kommen. Zu stark, ja übermächtig sind Ärger, Argwohn und Misstrauen, vor allem der vier »Kleinen« geworden, die den Zusammenschluss der beiden »Großen« fürchten. Aber auch die deutsche Industrie, die eine Erweiterung der Gemeinschaft erstrebte, wird nun jeden Elan einbüßen. Sie weiß überdies sehr wohl: Wenn jetzt die ohnehin ein wenig gefährdete englische Wirtschaft leiden, wenn das Pfund schwach werden sollte, dann treffen die Rückwirkungen alle, auch die EWG.

Zweitens ist mitten in das 20. Jahrhundert wieder der Virus nationaler Großmannssucht längst vergangener Epochen eingeschleppt worden. Europa schickte sich gerade an, zu einer Interessengemeinschaft zusammenzuwachsen, und nun beginnt wieder das alte Dreieck-Spiel aus der Mottenkiste zwischen England, Frankreich und Deutschland: Wenn zwei sich eng zusammenschließen, dann geschieht das mit einer ganz ausgesprochenen Spitze gegen den Dritten. Und dieser Dritte wird nun automatisch ganz eng an die Seite der USA gerückt, sodass schließlich der Westen in die angloamerikanische Partnerschaft, das Lager der Achse Bonn-Paris und einige missgestimmte kleinere europäische Nationen zerfällt.

Mein Gott, da sind zwei Weltkriege über Europa hinweggegangen und haben die alten Vorstellungen und Spielregeln ad absurdum geführt, da wurden mit Hilfe Amerikas die Überreste wieder gesammelt und zu einem neuen Muster gefügt, und nun kommen zwei alte Herren und wollen wieder nach der vorgestrigen Methode das alte Spiel weiterspielen! Und dabei glauben sie noch, besonders weit schauend und fortschrittlich zu sein. Es ist fast wie in einer griechischen Tragödie: Konrad Adenauer meint das Werk der deutsch-französischen Aussöhnung durch den Pariser Vertrag zu krönen und bemerkt gar nicht, dass er gleichzeitig die Voraussetzung der europäischen Einigung unterminiert. Es geht ihm so wie den Generälen, die immer den letzten – und nicht den möglichen neuen – Krieg vorbereiten: Er ist bemüht, Hindernisse, die gar keine mehr sind, wegzuräumen, aber ohne es zu bemerken, türmt er andernorts das Gerümpel zu neuen unübersteigbaren Barrieren auf.

Dreizehn Jahre lang hat er gegen alle Opposition mit großer Geduld und Konsequenz die Bundesrepublik ins Lager des Westens gesteuert und dort vertäut, ohne Rücksicht auf die Wiedervereinigung, die, wie manche meinen, für eine Neutralisierung Deutschlands zu haben gewesen wäre. So setzte er die westliche Gemeinschaft vor die Wiedervereinigung, und nun opfert er diese Gemeinschaft um der Freundschaft willen, die ihn mit General de Gaulle verbindet. Er bemerkt dabei gar nicht, dass nur dieser, nicht das französische Volk, jenes Opfer verlangt, denn das französische Volk hegt keine Rachegefühle gegenüber England.

Deutsche Schande
[1968]

Wieder rollen sowjetische Panzer über eine Grenze, steht ein Volk ohnmächtig am Straßenrand und sieht schweigend dem Einmarsch der Zwingherren zu – wie 1956 in Ungarn. Wieder dröhnt Geschützdonner, werden Barrikaden errichtet, sind Pflastersteine die einzige Waffe der Bürger – wie 1953 in der DDR.

Und wieder marschieren deutsche Soldaten, »die Reihen fest geschlossen«, in der Tschechoslowakei ein – wie 1939 unter Hitler. Ein gespenstisches Bild. Die Geschichte erspart jenem Volk – beiden Völkern – auch wirklich nichts, nicht einmal diese letzte Erniedrigung, diese neuerliche Scham. Arme ČSSR. Und: Armes Deutschland.

Nun haben die Sowjets mit ihrem Entschluss, in Prag einzumarschieren, die Entwicklung der Welt wieder um viele Jahre zurückgeworfen. Drohend ziehen die Schatten der Kalten Krieger am Horizont herauf und begleiten den Marschtritt der Warschauer-Pakt-Brigaden. Wohin wird dieser Weg sie führen?

Brief aus dem Süden
Regierungswechsel 1998:
»Liebe Freunde, seid nicht kleinmütig«
[1998]

Wenn man ausgerechnet den so entscheidenden Wahlsonntag auf einer Insel in Süditalien verbringt, dann wird die gesuchte und geschätzte Abgeschiedenheit plötzlich zur Last. Es fehlen die Diskussion und der Austausch von Argumenten.

Natürlich kennt man die konkurrierenden Meinungen: Für die große Koalition spricht, so sagen die einen, dass Entscheidungen, die längst fällig sind, getroffen und durchgesetzt werden. Die anderen argumentieren, die Voraussetzung dafür sei der sichtbare Wechsel. Eine echte Wende, die könne nur Rot-Grün bringen. Ich denke, die haben Recht.

Warum? Wenn man einen Blinden und einen Lahmen zusammenspannt, erwächst daraus wenig Zugkraft. Wir brauchen aber einen Aufbruch. Es gibt genug ungenützte Energien unter den Bürgern. Sie warten nur darauf, dass ihnen jemand das Gefühl gibt: Jetzt geht's los, jetzt lohnt es sich.

Viele meinen, die Grünen werden unrealistische Ziele verfolgen, der SPD das Regieren schwer machen, die Entwicklung hemmen. Aber das dürfte eine übertriebene Sorge sein. Der Sachzwang, *la nature des choses,* wie de Gaulle das nannte, ist in diesem Moment stärker als die Ideologie.

Seit Jahren haben wir darauf warten müssen, dass nach einem der seltenen großen Umbrüche jemand das Steuer in die Hand nehmen und den Weg weisen würde – nichts dergleichen geschah. Wie ein reißender Strom rast die Geschichte an uns vorüber, wir – die Regierenden und das Volk – stehen ratlos am Ufer und fragen, wo der uns wohl hinträgt?

Liebe Freunde, seid nicht kleinmütig, seid voller Hoffnung. Chancen sind immer auch mit Risiko verbunden. Wer darum auf Stillstand und Bewahren setzt, über den geht die Geschichte gnadenlos hinweg – denn die Geschichte ist ein Prozess. Das Motto »Verweile doch, du bist so schön« gilt für sie nicht.

Alice Schwarzer
Marion Dönhoff

Ein widerständiges Leben
Mit zahlreichen Abbildungen
Gebunden

Alice Schwarzer begegnet Marion Gräfin Dönhoff - das Ergebnis ist ein überraschendes, passioniertes Porträt von Deutschlands bedeutendster Journalistin der Pioniergeneration.